TGAU Drama
Gwerthuso Theatr Fyw

Annie Fox

TGAU Drama – Gwerthuso Theatr Fyw

Addasiad Cymraeg o *GCSE Drama – Live Theatre Evaluation* (a gyhoeddwyd yn 2021 gan Illuminate Publishing Limited). Cyhoeddwyd y llyfr Cymraeg hwn gan Illuminate Publishing Limited, argraffnod Hodder Education, an Hachette UK Company, Carmelite House, 50 Victoria Embankment, London EC4Y 0DZ.

Archebion: cysylltwch â Hachette UK Distribution, Hely Hutchinson Centre, Milton Road, Didcot, Oxfordshire, OX11 7HH. Ffôn: +44 (0)1235 827827. E-bost: education@hachette.co.uk. Mae'r llinellau ar agor rhwng 9.00 a 17.00 o ddydd Llun i ddydd Gwener. Gallwch hefyd archebu trwy wefan Hodder Education: www.hoddereducation.co.uk.

Cyhoeddwyd dan nawdd Cynllun Adnoddau Addysgu a Dysgu CBAC

© Annie Fox (Yr argraffiad Saesneg)

Mae'r awdur wedi datgan ei hawliau moesol i gael ei chydnabod yn awdur y gyfrol hon.

© CBAC 2025 (Yr argraffiad Cymraeg hwn)

Y cynrychiolydd awdurdodedig yn yr AEE yw Hachette Ireland, 8 Castlecourt Centre, Dublin 15, D15 XTP3, Ireland (e-bost: info@hbgi.ie)

Rhif argraff 10 9 8 7 6 5 4 3 2

Blwyddyn 2029 2028 2027 2026 2025

Cedwir pob hawl. Ni cheir ailargraffu, atgynhyrchu na defnyddio unrhyw ran o'r llyfr hwn ar unrhyw ffurf nac mewn unrhyw fodd electronig, mecanyddol neu arall, sy'n hysbys heddiw neu a ddyfeisir wedi hyn, gan gynnwys llungopïo a recordio, nac mewn unrhyw system storio ac adalw gwybodaeth, heb ganiatâd ysgrifenedig gan y cyhoeddwyr.

Data Catalogio Cyhoeddiadau y Llyfrgell Brydeinig

Mae cofnod catalog ar gyfer y llyfr hwn ar gael gan y Llyfrgell Brydeinig.

ISBN 9781036012557

Argraffwyd gan: CPI Group (UK) Ltd, Croydon, CR0 4YY

Polisi Hachette UK yw defnyddio papurau sy'n gynhyrchion naturiol, adnewyddadwy ac ailgylchadwy o goed a dyfwyd mewn coedwigoedd sydd wedi'u rheoli'n dda a ffynonellau rheoledig eraill. Disgwylir i'r prosesau torri coed a gweithgynhyrchu gydymffurfio â rheoliadau amgylcheddol y wlad y mae'r cynnyrch yn tarddu ohoni.

Gwnaed pob ymdrech i gysylltu â deiliaid hawlfraint y deunydd a atgynhyrchwyd yn y llyfr hwn. Mae'r awduron a'r cyhoeddwyr wedi cymryd llawer o ofal i sicrhau un ai bod caniatâd ffurfiol wedi ei roi ar gyfer defnyddio'r deunydd hawlfraint a atgynhyrchwyd, neu bod deunydd hawlfraint wedi'i ddefnyddio o dan ddarpariaeth canllawiau masnachu teg yn y DU – yn benodol, ei fod wedi'i ddefnyddio'n gynnil, at ddiben beirniadaeth ac adolygu yn unig, a'i fod wedi'i gydnabod yn gywir. Os cânt eu hysbysu, bydd y cyhoeddwyr yn falch o gywiro unrhyw wallau neu hepgoriadau ar y cyfle cyntaf.

Gosodiad y llyfr Cymraeg a Dyluniad y clawr: Neil Sutton, Cambridge Design Consultants

Dyluniad a gosodiad gwreiddiol: emc design ltd

Llun y clawr: *The Jungle* (Playhouse Theatre): Charlie J Ercilla / Alamy Stock Photo

Rhoddir cydnabyddiaeth ddiolchgar am ddefnyddio'r darnau canlynol

t20: Darn o 'Lucian Msamati on Amadeus: "Colour-blind casting? I want you to see my colour"', Cyfweliad gan Arifa Akbar, *The Guardian* 14.7.20, © Arifa Akbar / The Guardian.

t20: Darn o 'Present Laughter review – Andrew Scott dazzles in Coward's classic comedy' gan Michael Billington, *The Guardian* 26.6.19, © Michael Billington / The Guardian.

t30: Darn o 'Design is a political act – let's use it to reshape the future' gan Rosie Elnile, *The Stage* 20.8.20, © Rosie Elnile / The Stage.

t40: Darn o 'Costume designer Nicky Gillibrand: "I set myself the challenge of finding vintage pieces I can adapt"', gan Liz Hoggard, *The Stage* 2.12.19, © Liz Hoggard / The Stage.

t50: Darn o 'Prema Mehta: "The beauty and atmosphere of the Sam Wanamaker is unique"' Cyfweliad gan *Kate Wyver*, The Stage 13.1.20, © Kate Wyver / The Stage.

t60: Darn o *One Man, Two Guvnors, National Theatre Learning Background pack*, Cyfweliad â Grant Olding gan Adam Penford, © Adam Penford / Grant Olding / National Theatre.

t66: Darn o *Breuddwyd Nos Ŵyl Ifan: Fersiwn Gymraeg gan Gwyn Thomas* (CBAC, 2000).

Dalier sylw: mae argraffiad Saesneg gwreiddiol y gyfrol hon yn ymdrin â nifer o wahanol fanylebau sy'n gymwys ar draws y DU. Wrth baratoi'r llyfr Cymraeg, gwnaed pob ymdrech i addasu'r cynnwys er mwyn adlewyrchu'r hyn sydd ym manyleb CBAC (tan 2025) ac i sôn am ofynion manyleb newydd CBAC (o 2025).

CYNNWYS

Cydnabyddiaethau	2
Cyflwyniad	4
Sut i ddefnyddio'r llyfr hwn	4
Sut mae'r cwestiwn theatr fyw yn cael ei asesu?	5
Pennod 1: Elfennau Theatr Fyw	6
Pennod 2: Paratoi i Weld Perfformiad Theatr	10
Pennod 3: Dadansoddi a Gwerthuso Actio	12
Pennod 4: Dadansoddi a Gwerthuso Dylunio Set	24
Pennod 5: Dadansoddi a Gwerthuso Gwisgoedd	34
Pennod 6: Dadansoddi a Gwerthuso Goleuo	44
Pennod 7: Dadansoddi a Gwerthuso Sain	54
Pennod 8: Datblygu eich Sgiliau Ysgrifennu	64
Cwestiynau Ymarfer	74
Geirfa	75
Cydnabyddiaeth y delweddau	79

CYFLWYNIAD

Sut i ddefnyddio'r llyfr hwn

Mae'r llyfr hwn yn cynnig arweiniad ar sut i fynd ati i edrych ar ran theatr fyw eich cwrs Drama TGAU. Dyma'r rhan o'r cwrs lle byddwch chi'n ysgrifennu am gynhyrchiad theatraidd.

Bydd disgwyl i chi ymateb i berfformiad byw, ei ddadansoddi a'i werthuso. Efallai bydd gofyn i chi ysgrifennu am berfformiadau actorion neu arbenigedd dylunio penodol. Beth bynnag yw'r cwestiwn neu gwestiynau penodol, mae'n rhaid i chi fod yn barod i ddangos eich bod chi'n deall sut mae theatr fyw yn gweithio, eich bod chi'n deall elfennau cynhyrchu technegol a sut mae'r dewisiadau y mae actorion a dylunwyr yn eu gwneud yn creu ystyr ac effeithiau.

Nodweddion i'ch helpu chi i gael y gorau o'r llyfr

AWGRYMIADAU:
Cyngor ar gyfer llwyddiant ac awgrymiadau am sut i osgoi gwallau cyffredin.

TASGAU:
Gweithgareddau ymarferol i wella eich dysgu.

THEATR AR WAITH:
Ffotograffau o gynyrchiadau, erthyglau a dyfyniadau gan wneuthurwyr theatr sy'n rhoi enghreifftiau o theatr fyw, a mewnwelediad iddo.

▲ Lucian Msamati (ar y dde) fel Iago, gyda Hugh Quarshie fel Othello.

TERMINOLEG:
Mae'r eirfa'n cael ei hamlygu i'ch helpu chi i ddeall sut mae drama'n gweithio ac i fynegi eich syniadau'n rhugl ac yn briodol. Mae'r termau hyn wedi'u diffinio yn yr eirfa yng nghefn y llyfr er mwyn i chi allu cyfeirio atyn nhw yn hawdd.

CWESTIYNAU YMARFER:
Amrywiaeth o gwestiynau ymarfer i'ch helpu chi i ddod yn gyfarwydd â geiriad ac arddull cwestiynau.

PWYNTIAU ENGHREIFFTIOL:
Atebion tebyg i rai ymgeiswyr i chi eu gwerthuso a'u hanodi, ac i ddangos i chi lle gallai marciau gael eu colli neu eu hennill.

 Mae fersiynau ar-lein o gridiau a siartiau i chi eu lawrlwytho a'u defnyddio ar gyfer ysgrifennu mwy estynedig ar gael o wefan Hachette Learning.

Sut mae'r cwestiwn theatr fyw yn cael ei asesu?

Mae'r cwestiwn theatr fyw yn rhan o'r arholiad ysgrifenedig. Bydd angen i chi nodi'n glir y cynhyrchiad rydych chi wedi'i weld, gan gynnwys y dyddiad a'r lleoliad. Mae'n rhaid i'r ddrama fod yn un wahanol i'r testun gosod rydych chi wedi'i astudio yn y dosbarth.

	Addysgu tan 2025	Addysgu o 2025
Adran	Uned 3 Adran B: Adolygiad o Theatr Fyw	Uned 3: Dehongli Theatr Adran B
Marciau sydd ar gael	15	27
Sawl cwestiwn mae'n rhaid i mi ei ateb?	Un, o ddewis o ddau.	Bydd cyfres o gwestiynau gorfodol.
Oes hawl mynd â nodiadau i mewn ar gyfer yr adran hon o'r arholiad?	Nac oes.	Nac oes - fydd dim modd i chi fynd â nodiadau i mewn, ond bydd modd i chi wneud nodiadau wrth wylio'r cynhyrchiad.

PENNOD 1 | ELFENNAU THEATR FYW

Pan rydych chi'n mynd i'r theatr i wylio sioe, bydd llawer o elfennau'n dylanwadu arnoch chi, gan gynnwys y sgript, y cyfarwyddo, yr actorion a'r dylunio. Ar gyfer eich gwerthusiad yn yr arholiad, byddwch chi'n cael arweiniad i ysgrifennu am berfformiadau neu'r dylunio, neu gyfuniad o'r rhain.

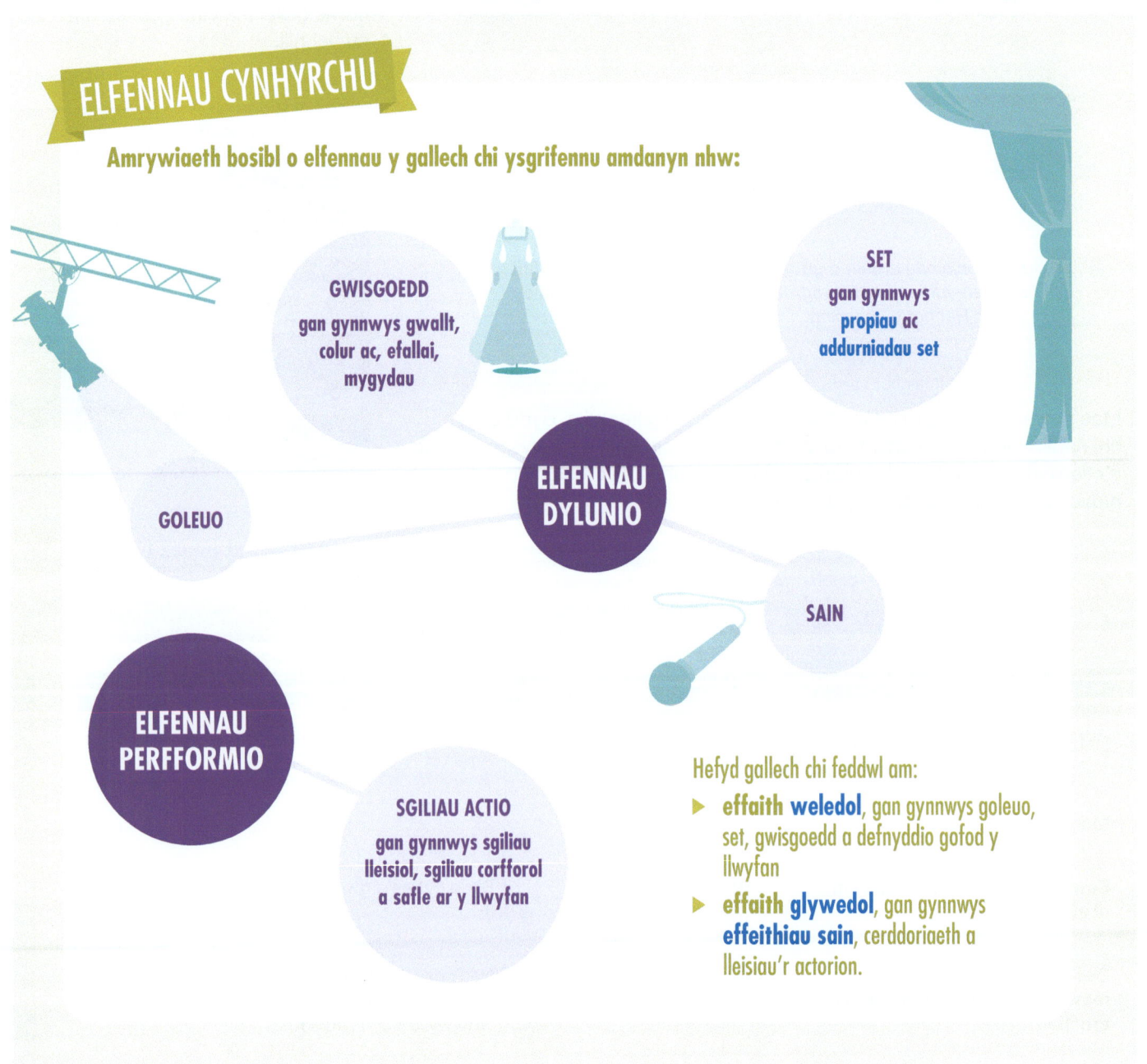

ELFENNAU CYNHYRCHU

Amrywiaeth bosibl o elfennau y gallech chi ysgrifennu amdanyn nhw:

GWISGOEDD gan gynnwys gwallt, colur ac, efallai, mygydau

SET gan gynnwys propiau ac addurniadau set

GOLEUO

ELFENNAU DYLUNIO

SAIN

ELFENNAU PERFFORMIO

SGILIAU ACTIO gan gynnwys sgiliau lleisiol, sgiliau corfforol a safle ar y llwyfan

Hefyd gallech chi feddwl am:
- **effaith weledol**, gan gynnwys goleuo, set, gwisgoedd a defnyddio gofod y llwyfan
- **effaith glywedol**, gan gynnwys **effeithiau sain**, cerddoriaeth a lleisiau'r actorion.

Asesu'r effaith ar y gynulleidfa

Rhan o'r broses werthuso yw ystyried sut mae elfen gynhyrchu'n effeithio ar brofiad y gynulleidfa o'r ddrama. Gallech chi arsylwi, er enghraifft, fod 'y goleuo yn bŵl gydag arlliw llwyd', gan ddweud mai effaith hyn oedd 'creu ymdeimlad o berygl a dirgelwch i'r gynulleidfa.'

AWGRYM

Fydd y cwestiwn byth yn gofyn i chi grynhoi plot y ddrama neu ysgrifennu rhestr y cast. Mae'r ffocws ar eich **dealltwriaeth** a'ch **dadansoddiad** o'r elfennau perfformio a dylunio.

TASG 1

Edrychwch ar y disgrifiadau canlynol o elfennau cynhyrchu. Cysylltwch bob un â'i effaith debygol ar y gynulleidfa. Mae un enghraifft wedi cael ei gwneud i chi.

ELFEN GYNHYRCHU	EFFAITH
Roedd yr actorion yn sefyll mewn pyllau o olau glas wedi'u diffinio'n eglur.	Roedd y rhyngweithio yn ein cyffroi ni, ac yn codi ofn arnon ni hefyd, braidd.
Roedd y gwisgoedd yn defnyddio lliwiau cynradd llachar ac roedd ganddyn nhw gyfwisgoedd chwareus ar ffurf anifeiliaid.	Roedd y set yn gwneud i'r cymeriadau ymddangos yn fach ac yn anobeithiol.
Roedd cerddoriaeth glasurol gryf iawn yn dod o **seinyddion** wedi'u trefnu o gwmpas y gynulleidfa.	Roedd y gynulleidfa yn chwerthin am ben y gwisgoedd doniol.
Roedd y set yn enfawr, gyda thyrrau enfawr, afrosgo wedi'u ffurfio o **sgaffaldau** llwyd tal.	Roedd hyn yn creu naws dywyll ac yn awgrymu bod y cymeriadau ar goll yn eu bydoedd eu hunain.
Rhedodd yr actorion allan i'r gynulleidfa a thynnu pobl ar y llwyfan.	Roedden ni'n teimlo bod y sain yn ein hamgylchynu ni a bod **dwysedd a lefel y sain** yn ein llethu.

TASG 2

Meddyliwch am gynhyrchiad rydych chi wedi'i weld. Disgrifiwch dair elfen gynhyrchu yn fanwl ac effaith pob un o'r elfennau hynny.

AWGRYM

Ystyriwch unrhyw ymateb a gawsoch chi eich hun ac ymateb aelodau'r gynulleidfa. A wnaethoch chi a/neu weddill y gynulleidfa chwerthin, neidio mewn ofn, tynnu anadl mewn syndod, mynd yn aflonydd, cymeradwyo neu ymateb mewn unrhyw ffordd arall i'r cynhyrchiad?

Genre, arddull a chyd-destun

Wrth werthuso cynhyrchiad, efallai bydd angen i chi gyfeirio at y **genre**, yr **arddull** neu'r **cyd-destun**.

Genre

Genre yw'r categori neu fath o ddrama yw hi. Gall y cynhyrchiad rydych chi'n ei weld fod yn un o nifer o genres, fel sioe gerdd fel *Wicked* neu *Nia Ben Aur*, trasiedi Roegaidd, fel *Antigone*, neu gomedi, fel *The Play That Goes Wrong*.

Mae **confensiynau** sy'n gysylltiedig â genres theatraidd. Felly, byddai rhan o'ch gwerthusiad o'r elfennau cynhyrchu yn gallu sôn am ba mor dda maen nhw'n cynnal disgwyliadau'r genre hwnnw.

Arddull/Steil

Arddull neu steil y cynhyrchiad yw'r ffordd y mae'r elfennau'n cael eu gwneud. Dau brif arddull theatraidd yw **naturiolaidd** (realistig, credadwy, fel bywyd) ac **arddulliedig** (*stylised*: ddim yn realistig, wedi'i ddwysáu), ond mae llawer o agweddau eraill ar arddull. Efallai mai'r brif arddull ar gyfer comedi fel *The Play That Goes Wrong*, er enghraifft, fyddai **comedi corfforol** neu **ffars**. Gallai ei ddewisiadau arddull eraill gynnwys **rhyngweithio â'r gynulleidfa**, torri'r **bedwaredd wal** a symudiadau wedi'u **syncroneiddio**. Bydd angen i chi werthuso llwyddiant dewisiadau fel y rhain.

Cyd-destun

Cyd-destun y ddrama yw'r **cyfnod** a'r lleoliad lle mae hi wedi'i gosod, yn ogystal â'r ffactorau hanesyddol, cymdeithasol a diwylliannol sy'n dylanwadu arni hi.

AWGRYM

Mae'r geiriau sy'n cael eu hamlygu mewn glas, drwy'r llyfr i gyd, yn cael eu diffinio mewn rhestr termau yng nghefn y llyfr.

Bwriadau artistig

Mae'r rhan fwyaf o ddramâu yn cael eu llwyfannu gyda phwrpas, a bydd gan y cyfarwyddwr weledigaeth, **bwriad artistig** / **cysyniad** o'r hyn y mae'n gobeithio ei gyflawni. Gallai cwmni ddewis cynhyrchu drama er mwyn archwilio thema benodol, fel hawliau sifil, drygioni rhyfel neu anawsterau bywyd teuluol. Mae'n debygol y bydd neges gan hyd yn oed y gomedi fwyaf doniol neu'r sioe gerdd fwyaf ysgafn. Dyma rai enghreifftiau: neges am bwysigrwydd dyfalbarhau, gwerth cyfeillgarwch neu bŵer goresgyn rhwystrau.

Wrth i chi wylio drama, ystyriwch sut mae'r elfennau cynhyrchu gwahanol yn cynnal ystyr a bwriadau artistig y ddrama, a pha mor llwyddiannus ydyn nhw.

TASG 3

Meddyliwch am gynhyrchiad rydych chi wedi'i weld a nodwch:
- y genre
- yr arddull/steil
- y cyd-destun
- y bwriadau artistig, y cysyniad a'r themâu.

▲ Mae drama Lorraine Hansberry, A Raisin in the Sun yn archwilio hawliau sifil yn America yn yr 1950au.

TASG 4

Dychmygwch fod rhywun wedi gofyn i chi ddylunio cynhyrchiad o *Macbeth* gan Shakespeare, sy'n tynnu sylw at awydd Macbeth a'i wraig i ennill grym. Gwnewch restr o bwyntiau bwled ar sut gallai'r goleuo, y gwisgoedd, y set a'r sain i gyd gadarnhau'r bwriad artistig hwn. Er enghraifft, gallech chi ddiweddaru'r cynhyrchiad i gyfnod gwleidyddol penodol, neu gallai eich dyluniad ddangos cyfoeth a grym y brenin, neu gallech chi ddefnyddio lliwiau (fel aur), symbolau neu ddelweddau haniaethol i bwysleisio'r thema hon.

PENNOD 2 | PARATOI I WELD PERFFORMIAD THEATR

AWGRYM

Wrth wylio cynhyrchiad wedi'i recordio, dylech chi fod yn ymwybodol o pryd, ble ac ar ba fath o lwyfan y digwyddodd.

AWGRYM

Defnyddiwch y gridiau yn y llyfr hwn i'ch helpu chi i nodi manylion y cynhyrchiad wrth i chi ymarfer a pharatoi.

Dau sgìl a fydd yn eich helpu i ysgrifennu am theatr fyw yw ymchwilio a gwneud nodiadau.

Ymchwilio

Efallai byddwch chi'n gweld cynhyrchiad theatr fyw ac rydych chi'n deall y ddrama yn barod. Gallai hyn olygu:

▸ darllen y ddrama i gyd neu ran ohoni
▸ darllen adolygiadau o'r cynhyrchiad
▸ ymchwilio i'r cyfnod neu'r lleoliad lle mae'r ddrama wedi'i gosod
▸ dod i wybod am y cast a'r tîm creadigol, gan gynnwys yr actorion a'r dylunwyr.

Ar y llaw arall, efallai byddwch chi'n gweld y cynhyrchiad heb unrhyw wybodaeth ymlaen llaw, ac yn ymchwilio mwy amdano wedyn.

Beth bynnag yw eich dull, gallwch chi ddefnyddio'r grid isod i wirio eich dealltwriaeth o'r cynhyrchiad.

Nodiadau ymchwil	
Enw'r cynhyrchiad	
Dyddiad y perffformiad	
Enw'r theatr, neu'r gofod perfformio	
Crynodeb	
Pryd mae'r ddrama wedi'i lleoli, a ble?	
Y prif gymeriadau a'r actorion sy'n eu chwarae nhw	
Cyfarwyddwr a dylunwyr	
Drama newydd neu adfywiad o ddrama hŷn?	
Pam mae'n cael ei llwyfannu, yn eich barn chi?	
Themâu allweddol	
Ymateb y beirniaid i'r cynhyrchiad: ▸ Adolygiadau nodedig ▸ Unrhyw agwedd ar y cynhyrchiad sy'n cael ei hedmygu neu ei beirniadu yn arbennig ▸ Ydy'r cynhyrchiad wedi ennill gwobrau? ▸ Oedd unrhyw beth dadleuol am y cynhyrchiad?	
Unrhyw nodweddion allweddol sydd wedi cael sylw yr oeddech chi'n edrych ymlaen yn arbennig at eu gweld?	
Eich disgwyliadau o'r perfformiad: ▸ Traddodiadol? ▸ Cyffrous? ▸ Anarferol? ▸ Difyr? ▸ Doniol? ▸ Brawychus? ▸ Trawiadol?	

 Defnyddiwch y fersiwn sydd ar gael i'w lawrlwytho o wefan Hachette Learning ar gyfer ysgrifennu llawnach.

Gwneud nodiadau

Os ydych chi'n mynd i weld cynhyrchiad mewn theatr neu'n gwylio recordiad o bell, bydd angen i chi ddatblygu eich sgiliau gwneud nodiadau. Mae'r nodiadau gorau'n cyfleu pwyntiau pwysig yn gyflym. Gallwch chi greu:

- rhestri o bwyntiau bwled
- mapiau meddwl
- brasluniau
- gridiau o dempledi parod.

Er mwyn osgoi tynnu sylw pobl eraill yn y gynulleidfa neu golli rhannau pwysig o'r perfformiad ei hun, gwnewch eich nodiadau yn yr egwyl neu'n fuan ar ôl gweld y sioe, nid yn ystod y sioe. Os ydych chi'n gwylio recordiad, efallai byddwch chi'n ei wylio nifer o weithiau, sy'n gallu bod o fantais.

Fyddwch chi ddim yn gallu ysgrifennu am bopeth sy'n digwydd (a ddylech chi ddim gwneud hynny). Yn hytrach, nodwch eiliadau arwyddocaol, fel newid sydyn i'r lliwiau neu ddefnyddio **sbotolau** sy'n effeithio ar naws y cynhyrchiad.

Defnyddiwch y grid isod i drefnu eich nodiadau ac i sicrhau eich bod chi'n cynnwys amrywiaeth o elfennau cynhyrchu.

AWGRYM

Wrth wneud nodiadau'n gyflym, peidiwch ag ysgrifennu brawddegau llawn. Yn lle, er enghraifft, 'Pan mae'n ymddangos gyntaf, mae'n gwisgo dillad o satin glas a llwyd', gallech chi nodi 'Ymddangosiad 1af: satin glas/llwyd.'

AWGRYM

Defnyddiwch yr eirfa i ddysgu am y derminoleg yn y grid isod neu i'ch atgoffa eich hun amdani.

AWGRYM

Mae siartiau manwl ar gyfer pob elfen gynhyrchu wedi'u rhoi yn y penodau canlynol.

Trosolwg o gymryd nodiadau am theatr fyw			Nodiadau	Effaith arnoch chi/ ar y gynulleidfa
Cynhyrchiad *Ai drama enwog yw hon neu un newydd?*	▸ Teitl y ddrama ▸ Ble cafodd y ddrama ei llwyfannu ▸ Gosodiadau llwyfan			
Perfformiad *Beth oedd eich argraff gyntaf o gymeriad? Pa mor effeithiol oedd eiliadau o wrthdaro neu emosiwn neu uchafbwynt y ddrama?*	▸ Eiliadau allweddol (ee, mynediadau, trobwyntiau, uchafbwyntiau) ▸ Sgiliau: • Llais • Mynegiant wyneb • Ystumiau • Symudiadau	• Cymeriadu • Defnyddio gofod y llwyfan • Perthnasoedd ag eraill		
Set *Ychwanegwch fraslun.*	▸ Maint a siâp ▸ Lliwiau a gweadeddau ▸ Defnyddio lefelau ▸ Dodrefn	▸ Llenni/cefnlenni/fflatiau ▸ Tafluniadau/**amlgyfrwng** ▸ Newidiadau/trawsnewidiadau i'r set		
Gwisgoedd	▸ Lliwiau ▸ Ffabrigau ▸ Siâp a ffit ▸ Cyfnod	▸ Newidiadau ▸ Cyfwisgoedd ▸ Colur		
Goleuo	▸ Lliwiau ▸ Onglau/safle ▸ Effeithiau arbennig ▸ Trawsnewidiadau (blacowt, pylu a chodi goleuadau, ac ati)			
Sain	▸ Mathau o sain ▸ Defnydd o gerddoriaeth ▸ Lefel y sain/mwyhau sain/cyfeiriad y sain	▸ Byw neu wedi'i recordio ▸ Defnydd o ficroffonau ▸ Safle'r seinyddion ▸ Effeithiau sain arbennig		
Cysyniad / bwriadau artistig / ystyr / neges	▸ Beth roedd y gwneuthurwyr theatr yn gobeithio ei gyflawni? ▸ Pa mor llwyddiannus oedden nhw?			

Rhowch ymatebion mwy cyflawn yn y fersiwn sydd ar gael i'w lawrlwytho o wefan Hachette Learning.

PENNOD 3
DADANSODDI A GWERTHUSO ACTIO

Actio yw un o agweddau mwyaf nodedig unrhyw gynhyrchiad theatraidd. P'un a ydych chi'n gweld sioe un person agos-atoch, sioe gerdd ar raddfa fawr neu berfformiad **promenâd,** perffformiad lle mae aelodau'r gynulleidfa yn cael eu **trochi** (*immersive*), does dim dwywaith y bydd ansawdd y perfformiadau yn dylanwadu arnoch chi.

Mathau ac arddulliau perfformiad

Rhai arddulliau perfformiad posibl:

- naturiolaidd
- arddulliedig
- **cyfoes**
- cyfnod
- comig
- dramatig
- cyfuniad o rai o'r uchod.

Bydd genre ac arddull y cynhyrchiad yn dylanwadu ar y math o actio rydych chi'n ei weld. Dyma rai o nodweddion allweddol pob math.

Actio naturiolaidd

Bwriad hwn yw creu cymeriadau credadwy sy'n ymddwyn mewn ffordd realistig. Mae rhai o nodweddion actio naturiolaidd yn cynnwys:

- **ystumiau bach, ystyrlon**
- ymatebion credadwy
- ail-greu sefyllfaoedd a sgyrsiau'n gywir
- cymeriadau heb fod yn **ystrydebol**.

Fel arfer, mae actio naturiolaidd yn cynnwys anwybyddu presenoldeb y gynulleidfa a chadw'r bedwaredd wal rhwng y gynulleidfa a'r llwyfan. Mae i'w gael mewn llawer o ddramâu gwahanol, o weithiau Ibsen a Chekhov yn y bedwaredd ganrif ar bymtheg i ddrama gyfoes.

Actio arddulliedig

Efallai bydd y math hwn o actio yn cynnwys perfformiadau wedi'u dwysáu neu eu gorwneud. Mae i'w gael mewn pantomeimiau, a hefyd mewn amrywiaeth o theatr arall gan gynnwys rhai sioeau cerdd, dramâu cyfnod a sioeau symudiadau cyfoes. Gall gynnwys:

- symudiadau wedi'u syncroneiddio
- dawns
- cymeriadau ystrydebol neu dros ben llestri
- siarad yn uniongyrchol â'r gynulleidfa.

Actio cyfoes

Mae'r actio hwn yn aml yn cael ei ddefnyddio i gyfleu storïau a themâu modern, er enghraifft, dramâu sy'n ymwneud â materion cymdeithasol neu wleidyddol, neu ddramâu hunangofiannol cyfoes. Bydd yr actio yn adlewyrchu defnydd modern o lais a symudiadau ac mae'n gallu amrywio o naturiolaeth i **adrodd stori**. Er enghraifft, mae angen amrywiaeth o sgiliau actio cyfoes yn y ddrama *Misty* gan Arinzé Kene, sy'n cyfuno rap, y gair llafar a chomedi stand-yp.

▲ Peter Sarsgaard a Kristin Scott Thomas yn Yr Wylan/The Seagull.

▲ *Cassio yn meddwi yn* Othello.

Actio cyfnod

Bydd y perfformiadau hyn yn adlewyrchu cyfnod penodol. Efallai bydd actorion mewn **comedi'r Adferiad** (*Restoration comedy*), er enghraifft, yn dilyn arddulliau actio'r ail ganrif ar bymtheg, gan ddefnyddio hancesi a gwyntyll (*fans*) i greu effeithiau, ac **osgo** sy'n nodweddiadol o'r cyfnod. Efallai bydd actorion mewn drama gan Shakespeare yn defnyddio technegau lleisiol priodol wrth lefaru'r farddoniaeth o'r unfed ganrif ar bymtheg. Bydd actorion mewn **melodrama** neu ffars yn defnyddio ystumiau a symudiadau sy'n briodol i'r cymeriadau cyfnod ystrydebol y maen nhw'n eu chwarae.

Mae'n bosibl y bydd actorion mewn dramâu cyfnod yn fedrus wrth symud yn y gwisgoedd o'r cyfnod hwnnw ac wrth drin y propiau yn gywir.

Actio comig

Mae comedi yn cynnwys sgiliau fel amseru penodol iawn a mynegiant wyneb wedi'i orwneud er mwyn gwneud i gynulleidfa chwerthin. Yn aml, mae actorion comig yn dalentog o ran sgiliau lleisiol fel **goslefu** a **dynwared** a sgiliau corfforol fel **syrthio ar eich pen-ôl** ac **ailymateb** (*double-takes*).

Actio dramatig

Yma, mae actorion yn defnyddio sgiliau fel **cymeriadu** grymus ac ystod emosiynol er mwyn ennyn diddordeb y gynulleidfa a'i chynnwys yn sefyllfa'r cymeriadau.

Cyfuniad

Bydd llawer o berfformiadau yn defnyddio nifer o arddulliau actio. Roedd cynhyrchiad gwreiddiol *Things I Know to Be True*, er enghraifft, yn cyfuno gwrthdaro naturiolaidd, credadwy rhwng aelodau'r teulu â dilyniannau symudiadau arddulliedig. Fel arfer, mae *A Taste of Honey* yn cyfuno golygfeydd naturiolaidd â rhannau arddulliedig sydd wedi'u hysbrydoli gan draddodiad y **neuadd gerdd** (*music hall*). Gallai cynhyrchiad modern o ddrama gan Shakespeare gyfuno gofynion llefaru barddoniaeth y cyfnod â rhyngweithio mwy cyfoes, sy'n ymddangos yn ddigymell. Mae *Blood Brothers* yn aml yn cyfuno actio naturiolaidd y prif gymeriadau â pherfformiadau mwy arddulliedig gan yr ensemble. Hefyd mae'n cyferbynnu comedi'r golygfeydd ar y dechrau â golygfeydd dramatig ac emosiynol y diweddglo.

TASG 1

1. Edrychwch ar y ffotograffau ar y tudalennau hyn a phenderfynwch pa fath neu fathau o actio sydd yno.
2. Dewiswch un o'r actorion a disgrifiwch nhw mor fanwl ag y gallwch chi. Ystyriwch, fel sy'n briodol:
   ▶ mynegiant wyneb
   ▶ ystumiau
   ▶ osgo
   ▶ safle ar y llwyfan
   ▶ rhyngweithio â phobl eraill
   ▶ unrhyw nodweddion penodol eraill.
3. Chwiliwch ar-lein am ffotograffau eraill o gynyrchiadau a dewiswch ddau i'w dadansoddi o ran yr arddulliau perfformio.

▲ *Tim McInnerny, Alison Steadman a Janine Duvitski yn* The Provok'd Wife.

GWERTHUSO THEATR FYW

Terminoleg drama: actio

Er mwyn ysgrifennu'n gywir am actio, mae angen i chi ddeall y derminoleg gywir. Dyma rai geiriau defnyddiol i'ch helpu chi i ddisgrifio ac i ddadansoddi'r hyn rydych chi wedi'i weld.

MYNEGIANT WYNEB

Emosiynau, meddyliau neu deimladau (neu ddiffyg y rhain). Bydd y rhain yn ymddangos drwy symud cyhyrau'r wyneb, fel codi aeliau, gwenu, gwgu, llygaid cul, gwefusau wedi'u crychu, bod yn gegrwth.

AMSERU/CYFLYMDER

Pa mor gyflym neu araf mae rhywbeth yn cael ei ddweud neu ei wneud, gan gynnwys defnyddio saib.

CYSWLLT LLYGAD

Edrych yn syth ar rywun sy'n edrych yn ôl arnoch chi.

SGILIAU LLEISIOL

Technegau sy'n ymwneud â'r llais, sy'n cynnwys traw, acen, ynganiad, cryfder y llais, pwyslais a thôn.

Hefyd mae'n cynnwys: taflu'r llais, fel rheoli'r anadl ac ynganiad, er mwyn gwneud i'r llais gario.

OSGO

Sut mae cymeriad yn sefyll, fel yn syth, yn crymu'r cefn neu wedi disgyn yn swp (*slumped*).

CYMERIADU

Sut mae actor yn creu rôl drwy ei ddealltwriaeth o gefndir, **cymhelliant** a phwysigrwydd y cymeriad yn y ddrama, a sut mae'n portreadu hynny.

PENNOD 3 DADANSODDI A GWERTHUSO ACTIO

DWEUD LLINELLAU
Sut mae llinellau yn cael eu dweud er mwyn cyfleu eu hystyr. Gallai hyn gynnwys sgiliau lleisiol a sgiliau corfforol hefyd.

YSTOD EMOSIYNOL
Gallu i ddangos sut mae teimladau cymeriad yn newid.

DEFNYDDIO GOFOD Y LLWYFAN
Faint o'r llwyfan y mae'r actor neu'r actorion yn ei ddefnyddio; **blocio**, gan ddefnyddio lefelau ac **agosrwydd**.

RHYNGWEITHIO Â PHOBL ERAILL
Y perthnasoedd y mae'r actorion yn eu meithrin â'i gilydd; y gydberthynas rhwng y perfformwyr; yr agosrwydd a'r symudiadau rhwng cymeriadau.

YSTUMIAU
Symudiadau gan rannau o'r corff, fel arfer y llaw, y breichiau neu'r pen, fel codi llaw, nodio neu ymestyn.

SYMUDIADAU
Sut mae'r actor yn dod yn gymeriad yn gorfforol ac yn teithio o gwmpas y llwyfan. Mewn rhai achosion, gall hyn fod yn arddulliedig, fel dawns, codi'r corff, neu symudiadau wedi'u syncroneiddio.

CERDDEDIAD
Sut mae cymeriad yn cerdded: yn anhyblyg, yn gloff, yn drwm, yn llusgo traed, yn camu'n fras, yn ymlwybro.

SAFIAD
Sut mae cymeriad yn sefyll, e.e. gyda'i draed ar led neu wedi'u troi i mewn.

> **TASG 2**
> Ysgrifennwch ddisgrifiad o berfformiad rydych chi wedi'i weld gan ddefnyddio o leiaf 5 o'r termau sydd wedi'u rhoi yma.

Mae fersiwn ar gael i'w lawrlwytho ar wefan Hachette Learning.

GWERTHUSO THEATR FYW

AWGRYM

Os gallwch chi, dewch o hyd i ffotograffau o'r cynhyrchiad i'ch atgoffa eich hun o elfennau allweddol y perfformiadau.

Gwneud nodiadau actio ar y cynhyrchiad rydych chi wedi'i weld

Defnyddiwch y siart isod i wneud nodiadau ar y perfformiad rydych chi wedi'i weld. Awgrymiadau i'ch helpu chi sydd yma, ond fyddan nhw ddim yn cynnwys pob nodwedd.

Yn ddelfrydol, gwnewch eich nodiadau cyn gynted ag y gallwch chi ar ôl gweld y ddrama.

Peidiwch â cheisio ysgrifennu am bob eiliad: dewiswch bwyntiau perfformio allweddol fel sut mae cymeriadau yn dod ar y llwyfan, gwrthdaro / trobwynt, ac **uchafbwynt** a diweddglo'r ddrama.

Nodiadau actio	
Cynhyrchiad	
Prif actor/actorion a chymeriad/cymeriadau	
Argraffiadau cyntaf: ▸ osgo ▸ cerddediad ▸ ystumiau ▸ llais ▸ cymeriadu ▸ cyd-destun/cefndir	
Eiliadau o wrthdaro: ▸ defnyddio llais ▸ ystod emosiynol ▸ symudiadau ▸ agosrwydd	
Trobwyntiau: newidiadau o ran: ▸ cryfder y llais ▸ osgo ▸ mynegiant wyneb	
Dweud llinellau (2 neu 3 enghraifft): Ystyriwch: ▸ pwyslais ▸ tôn ▸ cyflymder ▸ traw	
▸ Argraffiadau terfynol am y cymeriad. ▸ Sut mae'r gynulleidfa yn teimlo am y cymeriad?	

Efallai byddwch chi eisiau argraffu mwy nag un o'r taflenni hyn i ddadansoddi cymeriadau gwahanol.

Sut mae'r actio yn cael ei lunio drwy gydol y ddrama?

Wrth i chi wylio'r ddrama, ystyriwch y ffyrdd gwahanol y mae'r perfformiadau yn cyfrannu at gymeriadu, naws ac ystyr y ddrama. Er enghraifft:

- Oes eiliadau lle mae'r actor yn cyfrannu at y comedi neu'r ddrama?
- Ydy'r actor yn dangos bod ei gymeriad yn newid neu'n datblygu yn ystod y ddrama?
- Ydy symudiadau'r actor yn synnu neu'n difyrru'r gynulleidfa neu'n rhoi sioc iddi?
- Ydy'r actor yn gredadwy yn y sefyllfaoedd yn y ddrama?
- Ydy'r actor yn ymateb i sefyllfaoedd ac actorion eraill mewn ffordd sy'n ymgysylltu, sy'n gredadwy ac yn rhoi bodlonrwydd artistig?
- Ydy symudiadau a lleferydd yr actor yn ddigon eglur i helpu'r gynulleidfa i ddeall y ddrama?
- Ydy'r perfformiad yn cyd-fynd â'r ffordd rydych chi'n deall y cymeriad?

Heriau arbennig i actorion

Efallai bydd rhai rolau yn gofyn am sgiliau arbennig. Gallai'r rhain gynnwys:

- heneiddio, naill ai wrth i actor chwarae cymeriad sy'n hŷn nag ef ei hun neu wrth ddangos cymeriad ar oedrannau gwahanol yn y ddrama
- **aml-rolau** – un actor yn chwarae mwy nag un cymeriad
- canu a dawnsio
- meim
- ymladd ar y llwyfan
- rhyngweithio â'r gynulleidfa.

Yn *Amadeus*, drama Peter Shaffer, mae'r actor sy'n portreadu Salieri yn ei chwarae fel dyn ifanc ac fel hen ddyn sy'n marw. Yn *Misterman*, drama Enda Walsh, mae'r actor sy'n chwarae Thomas yn portreadu dyn ifanc ynysig, cythryblus, ac amryw o drigolion ei bentref. Hefyd, mae aml-rolau yn agwedd hanfodol ar *The Woman in Black* a *The 39 Steps*, lle mae actorion yn chwarae llawer o rolau gwahanol. Bydd llwyddiant yr actorion wrth gyflawni'r tasgau hyn yn arwyddocaol o ran sut mae'r gynulleidfa yn derbyn eu perfformiadau.

TASG 3

1. Meddyliwch am ddrama rydych chi wedi'i gweld a nodwch unrhyw heriau arbennig i'r actorion.
2. Yna dewiswch eiliad neu ddwy i'w disgrifio mewn ychydig frawddegau. Trafodwch effaith yr actio yn y golygfeydd hynny ar y gynulleidfa.

GWERTHUSO THEATR FYW

TASG 4

Defnyddiwch y map meddwl hwn i ddechrau dewis ac ystyried eiliadau allweddol yn y ddrama rydych chi wedi'i gweld.

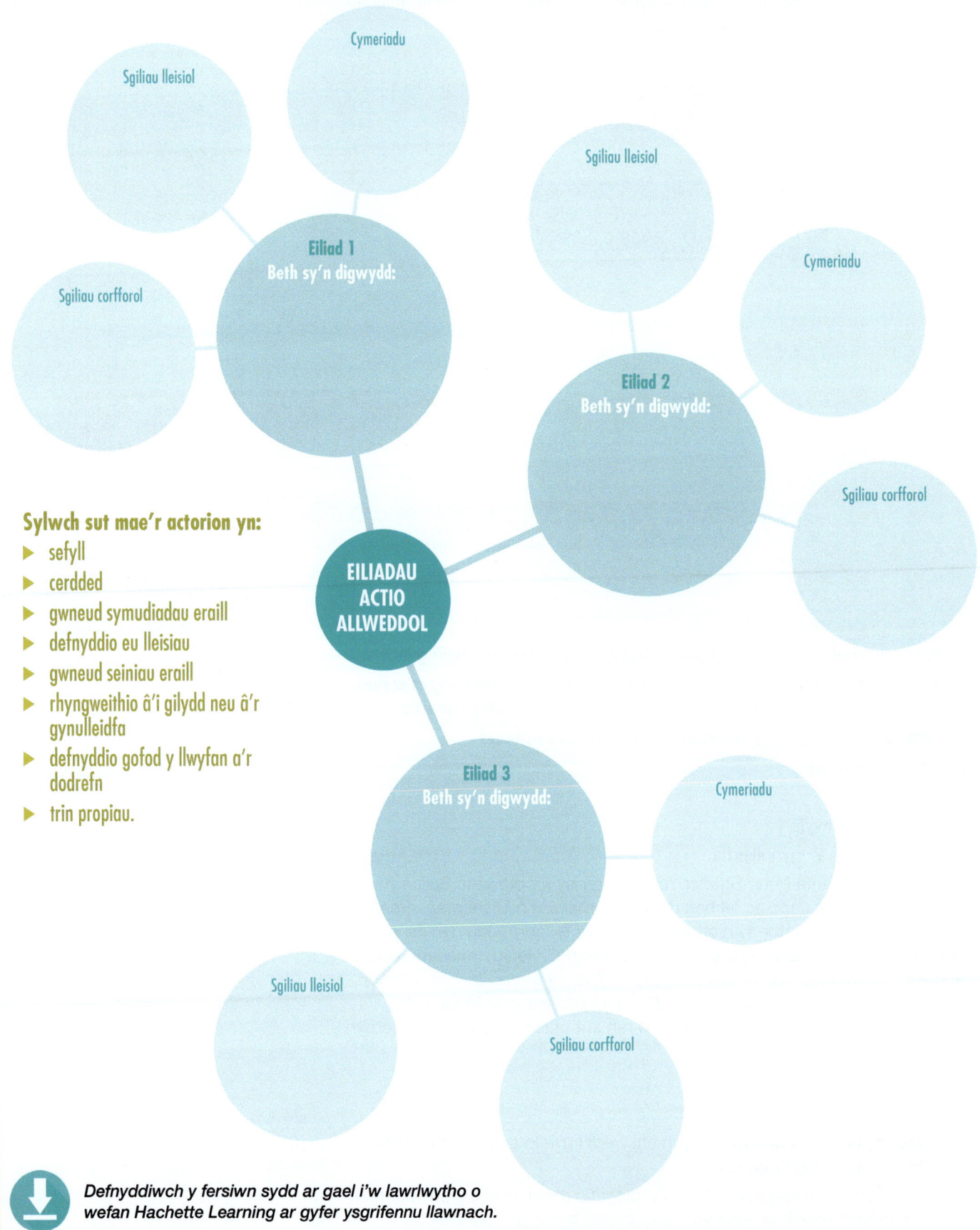

Sylwch sut mae'r actorion yn:
- sefyll
- cerdded
- gwneud symudiadau eraill
- defnyddio eu lleisiau
- gwneud seiniau eraill
- rhyngweithio â'i gilydd neu â'r gynulleidfa
- defnyddio gofod y llwyfan a'r dodrefn
- trin propiau.

Defnyddiwch y fersiwn sydd ar gael i'w lawrlwytho o wefan Hachette Learning ar gyfer ysgrifennu llawnach.

TASG 5

Darllenwch yr ymateb isod. Yna, uwcholeuwch y derminoleg drama y mae'r ysgrifennwr wedi'i defnyddio. Ystyriwch pam mae'r geiriau rydych chi wedi'u huwcholeuo yn ddefnyddiol.

> Yn y cynhyrchiad hwn o *Kindertransport*, mae angen i'r actor sy'n chwarae Eva heneiddio o fod yn ferch ifanc tua naw oed i fod yn ei harddegau. Portreadodd yr actor y newid hwn yn ei hosgo a'i **safiad**. Fel merch ifanc, roedd hi'n sefyll yn syth, ei breichiau'n hongian wrth ei hochr a'i thraed ychydig ar wahân. Pan nad oedd hi'n deall rhywbeth, byddai hi'n troi ei phen i'r naill ochr yn ymholgar. Roedd ganddi hi acen Almaeneg gryf ac roedd hi'n ynganu ei geiriau Saesneg yn ofalus. Pan gyrhaeddodd hi Loegr, gwaeddodd, 'Stuff your stupid Hitler' yn llawen, a neidio ar ei thraed, gan guro ffenestri (dychmygol) y trên. Llwyddodd y dewisiadau perfformio hyn i ennyn cydymdeimlad y gynulleidfa tuag at Eva.
>
> Mewn golygfeydd diweddarach, fel merch yn ei harddegau, ar ôl byw yn Lloegr am flynyddoedd, roedd ei hacen Almaeneg wedi mynd yn llwyr, bron, ac roedd hi'n llawer mwy tawel. Roedd hi'n codi ei hysgwyddau ac yn osgoi gwneud cyswllt llygad â'i mam.
>
> Llwyddodd yr actor i gyflawni'r **trawsnewid** hwn yn gredadwy o blentyn agored, diniwed i ferch fwy cymhleth yn ei harddegau, sydd wedi mabwysiadu hunaniaeth newydd. Fodd bynnag, ar ôl dilyn taith Eva, roeddwn i'n siomedig bod cyn lleied o'r ferch fach apelgar i'w weld yn y golygfeydd diweddarach gyda'i mam.

▲ Sarah Savage fel yr Efa ifanc yn Kindertransport.

💡 AWGRYM

Ym mharagraff terfynol yr ymateb hwn, lle mae'r ymgeisydd yn ysgrifennu 'credadwy' (sylw cadarnhaol) a 'siomedig' (un negyddol), mae wedi rhoi ei ymateb personol fel aelod o'r gynulleidfa, a bydd hyn yn ennill marciau gwerthuso.

Defnyddio eiliadau o newid

Mae eiliadau o newid yn ddefnyddiol i'ch dadansoddiad. Yn yr enghraifft ar gyfer *Kindertransport*, uchod, mae'r ysgrifennwr wedi dadansoddi'r newidiadau y gwnaeth yr actor i ddangos y cymeriad yn heneiddio. Hefyd, gallai hyn fod yn ffocws mewn adolygiad o *Blood Brothers*, er enghraifft, lle mae'r prif gymeriadau yn cael eu dangos ar dri oedran gwahanol.

Heblaw am newidiadau corfforol, gallech chi hefyd edrych am newidiadau emosiynol (fel pan mae Romeo a Juliet yn cwympo mewn cariad), newidiadau mewn statws (fel pan mae Macbeth yn dod yn frenin) neu pan mae cymeriad yn cuddio pwy ydyn nhw (fel Viola yn gwisgo fel bachgen yn *Twelfth Night*).

TASG 6

Meddyliwch yn ôl am berfformiad rydych chi wedi'i weld a nodwch unrhyw eiliadau pan newidiodd cymeriad o ran:

- oedran
- emosiynau
- statws
- hunaniaeth.

Yna ysgrifennwch baragraff sy'n esbonio sut defnyddiodd yr actor ei sgiliau actio i gyflawni'r newid hwn.

GWERTHUSO THEATR FYW

THEATR AR WAITH

Yr actor llwyddiannus Lucian Msamati (yn y *Guardian*) yn sôn am chwarae Iago yn *Othello*:

'Her y cyfan yw dod o hyd i'r man gwannaf mewn unrhyw gymeriad. Dyma, rwy'n credu, sut rydych chi'n cyfleu dynoliaeth y cymeriad hwnnw heb ei feirniadu. Mae'n hawdd iawn cyfleu cenfigen ei hun. Mae'n fwy anodd cyfleu cariad at y sawl sy'n dioddef y genfigen honno. Yn union fel mae Salieri [yn *Amadeus*] yn caru cerddoriaeth, mae Iago yn caru Othello. Dydw i ddim yn credu y gallwch chi ymrwymo i ddial ar rywun mewn ffordd mor benderfynol oni bai eich bod chi'n teimlo cariad mawr – o gariad mawr mae brifo a chasáu mawr yn dod.'

Drwy garedigrwydd Guardian News & Media Ltd.

▲ *Lucian Msamati (ar y dde) fel Iago, gyda Hugh Quarshie fel Othello.*

AWGRYM

Mae llawer o actorion yn ceisio creu cymeriadau crwn gyda rhinweddau a beiau neu, fel mae Msamati yn ei ddisgrifio uchod, cyfuniad o garu a chasáu. Wrth ddadansoddi perfformiad, ystyriwch a yw'r cymeriad yn un cymhleth neu yn fwy syml, yn arwr ystrydebol neu yn ddihiryn.

THEATR AR WAITH

Mewn adolygiad yn y *Guardian*, mae'r beirniad Michael Billington yn disgrifio rhai o sgiliau'r actor Andrew Scott, sy'n chwarae rhan Garry Essendine, seren ag ego mawr, yng nghomedi Noel Coward, *Present Laughter*:

'Fodd bynnag, y llawenydd mwyaf yw gwylio sut mae Andrew Scott yn dangos balchder bachgennaidd Garry. Ar ôl cael ei gyhuddo o or-actio, mae'n bwrw ei wyneb ei hunan fel petai'n cadarnhau'r cyhuddiad. Pryd bynnag y mae rhywun yn sôn am rôl Peer Gynt, sef y rôl na chafodd Garry gyfle i'w chwarae, mae'n edrych fel plentyn trist sydd heb gael anrheg roedd e'n dyheu amdani.'

Mae'r adolygiad yn disgrifio cyfarfod doniol Garry a'r dramodydd Roland Maule. Ar ôl tynnu ei law o afael ffyrnig Maule, mae Scott yn ei rhoi mewn cwpan o ddŵr oer:

'Ond, er bod Scott yn llwyddo i ddangos bod angen i Garry ddianc rhag gofynion parhaus pobl o'r tu allan, mae Scott hefyd yn edrych fel seren amddifad.'

Drwy garedigrwydd Guardian News & Media Ltd.

Nodwch enghreifftiau o sgiliau actio Andrew Scott yn adolygiad Michael Billington. Nodwch eiriau sy'n dangos a oedd yn meddwl bod y perfformiad yn llwyddiannus ai peidio.

▲ *Andrew Scott fel Garry Essendine yn Present Laughter.*

AWGRYM

Mae gan lawer o theatrau, gan gynnwys y National Theatre a'r Royal Shakespeare Company, adrannau addysg. Mae Theatr Cymru yn cefnogi dysgwyr o bob oed gyda gweithdai ac adnoddau addysg. Mae adnoddau a ffilmiau rhai o'i gyn-gynyrchiadau ar gael yn y Casgliad Dysgu ar wefan y cwmni. Chwiliwch i weld a yw'r theatr a gynhyrchodd y ddrama a welsoch chi yn darparu pecynnau addysg. Gall y rhain roi gwybodaeth ddefnyddiol am y prosesau creu.

Gwerthuso perfformiad

Yn ogystal â disgrifio a dadansoddi'r perfformiad, mae'n rhaid i chi ei werthuso, gan ystyried a oedd y perfformiad yn effeithiol ac yn llwyddiannus ai peidio. Mae angen gwneud mwy na dim ond ysgrifennu ei fod 'yn dda' neu 'yn wael' neu 'yn ddoniol' neu 'yn drist'. Meddyliwch am y canlynol:

Oedd y perfformiad wedi llwyddo i gyflawni ei bwrpas?
Er enghraifft, os oedd actor i fod i gynrychioli person ag amgylchiadau penodol (oedran, cenedligrwydd, cefndir), a oedd yn llwyddiannus?

Oedd y perfformiad yn fedrus yn dechnegol?
Oedd yr actor wedi llwyddo i fodloni gofynion corfforol a lleisiol y rhan?

Oedd y perfformiad wedi llwyddo i ymgysylltu â'r gynulleidfa ac ennyn ei diddordeb?
Er enghraifft, oedd eiliadau a oedd yn syndod neu'n deimladwy neu'n llawn cyffro?

Oedd y perfformiad wedi llwyddo i gyfrannu at y naws a'r awyrgylch?
Er enghraifft, os oedd y rôl i fod yn gomig neu'n frawychus, oedd y perfformiad wedi llwyddo i gyflawni hynny?

Oedd y perfformiad wedi llwyddo i'ch helpu chi i ddeall y cymeriadau?
Er enghraifft, os oedd y cymeriadau i fod yn gyfoethog neu'n ddiofal, oedd yr actorion yn cynrychioli hynny?

Oedd y perfformiad wedi llwyddo i gefnogi themâu'r ddrama?
Er enghraifft, os oedd y ddrama am dlodi neu anghyfiawnder, oedd y perfformiad yn cyfleu hynny?

GWERTHUSO THEATR FYW

Ymarfer dadansoddi a gwerthuso

Mae'r ddau ddarn isod yn dod o ymatebion tebyg i rai ymgeiswyr sy'n dadansoddi ac yn gwerthuso perffformiadau actorion.

💡 AWGRYM

Mae'r darnau hyn yn seiliedig ar brofiadau ymgeiswyr penodol o berffformiadau arbennig. Pwyntiau enghreifftiol yn unig y gallech chi eu gwneud yw'r rhain, nid atebion enghreifftiol. Hyd yn oed os gwelsoch chi'r un perffformiad, bydd eich atgof, eich nodiadau a'ch ymatebion yn wahanol. Gallai'r darnau fod yn ddefnyddiol fel man cychwyn i drafodaeth ehangach neu fel tasg o fewn y dosbarth.

TASG 8

1. Darllenwch yr ymatebion isod a rhowch:
   - **P** wrth ochr unrhyw fanylion perffformio
   - **T** wrth ochr terminoleg gywir.
2. Nodwch unrhyw bwyntiau rydych chi'n credu eu bod nhw'n dadansoddi'r perfformiad (**D**) ac unrhyw bwyntiau rydych chi'n ystyried eu bod nhw'n gwerthuso (**G**).

   Mae un enghraifft o bob un wedi'i gwneud i chi.

A

Mae Adam Gillen, fel Mozart yn *Amadeus*, yn rhoi perfformiad cyferbyniol i un Lucian Msamati, sy'n chwarae'r Salieri cynllwyngar. Ar y dechrau, mae ystumiau a sgiliau lleisiol y cymeriadau yn dangos y gwahaniaethau rhyngddyn nhw. Pan maen nhw'n cael eu cyflwyno i'w gilydd, mae Salieri (Msamati) yn moesymgrymu (*bows*), ac mae Mozart (Gillen) yn codi llaw yn chwareus yn unig. **P** Mae llais Msamati yn bersain ac o dan reolaeth, ond mae geiriau Gillen yn aml yn ffrwydro allan, yn gyflym ac yn amhosibl eu rhagweld, gyda thafodiaith anffurfiol person iau. **T** Mae hyn yn dangos ar y dechrau fod Salieri yn gallu cadw at reolau cymdeithas Wien, ond bod athrylith Mozart heb ei reoli. **D**

Yn ei ddehongliad, mae Gillen fel petai wedi cael ei ddylanwadu gan ffigyrau modern fel cerddorion pync neu gomedïwyr stand-yp. Roeddwn i'n ansicr am y dewis hwn i ddechrau, gan ei fod yn ymddangos mor annisgwyl am y cyfnod, ond des i i weld sut roedd yn addas i'r dehongliad rhannol fodern hwn o'r cyfnod. **G** Mae Gillen yn sefyll a'i draed wedi'u pwyntio tuag i mewn, mae'n tynnu wynebau comig ac yn chwerthin yn sydyn. Yn yr olygfa lle mae'n chwarae alaw Salieri o'i gof, gan greu amrywiadau arni'n syth, mae'n dangos cariad Mozart at gerddoriaeth a pha mor hawdd mae'n dod iddo. Wrth chwarae, mae'n ysgwyd ac yn pwyso i mewn at yr allweddell (*keyboard*). Yn y pen draw mae'n sefyll ar ei draed, mewn arddull roc a rôl, ar stôl y piano. Ar y diwedd, mae'n dal ei freichiau ar led mewn ystum sy'n gofyn am gydnabyddiaeth. Mae hyn yn cyferbynnu'n dda â safiad unionsyth Salieri a'i 'Nac ydw' byr a swta, pan ofynnir iddo ydy e eisiau 'rhoi cynnig ar amrywiad.'

Mae arlliwiau (*nuances*) i berfformiad Msamati ac mae'n arbennig o deimladwy yn yr olygfa lle mae'n gwrando ar gerddoriaeth Mozart. Ar y dechrau, mae'n eistedd, gyda'i lygaid ar gau, yn cymryd y gerddoriaeth i mewn. Mae fel petai'r gerddoriaeth yn ei reoli. Mae'n sefyll yn sydyn wrth glywed nodyn uchel gan yr obo. Wrth iddo ddisgrifio ei ymatebion corfforol, mae'n dweud ei fod yn 'crynu', ac mae ei symudiadau yn adleisio hynny. Mae'n llwyddo i gyfleu llawenydd a phoen darganfod [cyfansoddwr] y mae ei athrylith yn rhagori ar ei sgiliau ei hun. Mae'n griddfan wrth glywed y gerddoriaeth hyfryd ac yn gweiddi 'Beth yw hyn?' mewn anghrediniaeth oherwydd ei bod hi mor annhebygol bod rhywun mor ddi-chwaeth (*vulgar*) â Mozart yn cynhyrchu rhywbeth mor aruchel. Wrth iddo gynhyrfu, mae'r llefaru'n cyflymu hefyd.

Drwy eu perffformiadau gwahanol, mae'r actorion wedi cyflwyno'r gwrthdaro sydd wrth wraidd y ddrama yn berffaith.

▲ Adam Gillen (Mozart) a Lucian Msamati (Salieri) o gynhyrchiad *Amadeus*.

Dau berfformiad oedd yn arbennig o rymus yn fy marn i yn *Approaching Empty* oedd perfformiadau Rina Fatania fel Sameena a Kammy Darweish fel Mansha. Llwyddodd y ddau actor i gyfleu dwy agwedd wahanol ar brofiad mewnfudwyr, yn rhannol oherwydd eu bod o genedlaethau gwahanol. Mae cymeriad canol oed Mansha yn treulio'r rhan fwyaf o'r ddrama yn eistedd yn y gadair yn ei swyddfa, gan gadw'n brysur weithiau gyda thasgau ei fusnes tacsis neu'n troi i wylio'r teledu. Mae ei ystumiau llaw yn aml yn dyner neu hyd yn oed yn ymbilgar (*pleading*). Wrth natur, mae'n osgoi ymladd, felly mae ei ddwylo agored a'i lais tawel yn addas i hyn.

Mae'n wahanol iawn i Sameena, ac mae ei hymddangosiad cyntaf hi yn gwneud argraff gryf ar y gynulleidfa. Mae hi'n ffrwydro i mewn o chwith llwyfan ac yn stompio'n ddig ar y llwyfan, oherwydd ei bod hi eisiau ymosod ar Mansha, sydd wedi ei thrin yn amharchus, yn ei barn hi. Mae hi'n gwthio ei gên allan ac mae un llaw wedi'i chau'n ddwrn. Mae hi'n llefaru'n gyflym wrth iddi boeri ei chwynion. Mae ei dicter mor ddi-baid ac annisgwyl fel bod y gynulleidfa yn chwerthin yn werthfawrogol. Mae hi'n cilio dim ond pan mae Raf yn symud rhyngddi hi a Mansha ac mae yntau'n dweud mai hi fydd yn cael y jobyn nesaf. O berfformiad Fatania, a oedd yn un o'm hoff rai yn y ddrama, mae'n amlwg nad yw Sameena wedi cael bywyd hawdd a bod rhaid iddi ymladd am bopeth y mae hi'n ei gael.

Er ei fod yn ymddangos yn allanol yn gymharol wylaidd, drwy adran ganol y ddrama, mae Mansha'n dechrau magu rhywfaint o asgwrn cefn, ac mae hyn yn cael ei gyfleu drwy berfformiad Darweish. Ar ddechrau ei wrthdaro â Raf, mae'n rhwbio ei fawd a'i fysedd at ei gilydd i awgrymu arian, gan gwyno, 'Rwyt ti'n cael yr hufen hefyd./ You've got the cream of it as well.' Ar adeg arall, mae ei ystumiau yn dangos bod eu perthynas wedi dirywio ymhellach. Pan mae'n penderfynu prynu'r busnes yn y pen draw, mae'n codi ar ei draed yn araf ac yn dweud mewn llais isel, difrifol, 'Gwertha fe i fi./Sell it to me.' Mae hyn yn drobwynt, pan mae Mansha'n penderfynu y gall wneud rhagor â'i fywyd. Fodd bynnag, pan maen nhw'n colli popeth, mae perfformiad Darweish yn cyfleu'r siom hwn. Mae ei fynegiant wyneb yn chwalu mewn anobaith. Mae ei geg yn dynn ac mae'n edrych i lawr. Mae ei ddwylo'n llac wrth ei ochr. Mae'n ymddangos fel petai'n ceisio peidio â chrio pan mae ei fab yng nghyfraith yn dweud y drefn wrtho am fod yn dda i ddim. Ar ddiwedd y ddrama, mae'n ddyn sydd wedi'i drechu, ac rydyn ni'n teimlo cydymdeimlad ag ef. Roedd ei berfformiad yn ei gwneud hi'n eglur i mi pa mor anodd yw hi i ddod ymlaen mewn byd sydd fel petai'n llwyr yn ei erbyn.

 AWGRYM

Gall eich ymatebion penodol chi i berfformiad fod yn rhan o'r gwerthusiad. Efallai mai chi'n unig sy'n ymateb fel hyn, ond dylai eich gwerthusiad fod yn seiliedig ar eich profiad fel aelod ystyriol, gwybodus o'r gynulleidfa.

TASG 9

1 Dewiswch berfformiad o ddrama rydych chi wedi'i gweld ac atebwch y cwestiwn canlynol:

> Dadansoddwch a gwerthuswch un perfformiad yn y cynhyrchiad ac esboniwch sut mae'n creu diddordeb ac ystyr i'r gynulleidfa.

2 Yna anodwch eich ateb yn yr un ffordd â'r atebion uchod am fanylion, terminoleg, dadansoddi a gwerthuso.

TASG 10

Dewiswch un o'r cwestiynau isod a gwnewch gynllun manwl ar gyfer sut byddech chi'n ei ateb:

a Dadansoddwch a gwerthuswch sut defnyddiwyd cymeriadu un actor i gefnogi themâu'r cynhyrchiad.
b Gwerthuswch sut llwyddodd sgiliau un actor neu nifer o actorion i gyfleu arddull a genre y cynhyrchiad mewn dwy olygfa, a'r effaith a gafodd eu dewisiadau arnoch chi fel aelod o'r gynulleidfa.

 **AWGRYM**

Gallwch chi ddefnyddio'r acronym MDTG i wirio eich gwaith:
Manylion
Dadansoddi
Terminoleg
Gwerthuso.

▶ Mae cyngor ar sut i wneud cynlluniau ar dudalennau 66–67 yn y llyfr hwn.

PENNOD 4

DADANSODDI A GWERTHUSO DYLUNIO SET

Mae dylunio set yn elfen bwysig iawn o gynhyrchiad theatraidd. Y set yw'r hyn rydych chi'n ei weld ar y llwyfan, o'r **brig** i'r llawr. Gall y set gynnwys nifer o elfennau, gan gynnwys **dodrefn** llwyfan, **tafluniadau** a rhai **effeithiau arbennig**.

Arddulliau set

Pan rydych chi'n edrych ar set am y tro cyntaf, dylech chi ystyried pa fath o set yw hi. Er enghraifft, gallai'r set fod yn:

naturiolaidd **minimalaidd** **ffantasi**

arddulliedig **cyfuniad**

Bydd genre ac arddull y cynhyrchiad yn dylanwadu ar y math o set sy'n cael ei defnyddio. Dyma rai o nodweddion allweddol pob math.

Set naturiolaidd

Nod setiau naturiolaidd yw cynrychioli cyfnod a lleoliad yn gywir. Bydd gan setiau naturiolaidd fanylion realistig ac, mewn rhai achosion, efallai byddan nhw'n ail-greu ystafell gyfan gyda thair wal, ffenestri, drysau, dodrefn, ac yn y blaen. Bydd rhai dylunwyr yn dewis detholiad o wrthrychau realistig, fel dodrefn a drysau, ond yn hepgor rhai eraill. Mae dylunwyr setiau naturiolaidd yn aml yn gweithio i gyfleu union gyfnod y ddrama. Byddai set drama sy'n digwydd mewn cymuned wledig yn niwedd yr ail ganrif ar bymtheg, er enghraifft, yn wahanol i un mewn tafarn yn yr 1920au neu mewn swyddfa yn yr unfed ganrif ar hugain. Ar gyfer drama hanesyddol, bydd dylunwyr set yn ail-greu sut mae'r cyfnod yn edrych drwy eu dewis o ddeunyddiau a'u portread o'r bensaernïaeth a'r dodrefn. Gallai dyluniad naturiolaidd cyfoes gopïo lleoliadau a gwrthrychau sydd ar gael heddiw.

Set finimalaidd

Bydd setiau minimalaidd yn noeth iawn, gydag ychydig iawn o eitemau arnyn nhw, os o gwbl. Er enghraifft, efallai bydd ychydig o gadeiriau, meinciau, **platfformau** neu flychau, yn aml wedi'u defnyddio mewn amrywiaeth o ffyrdd:

▶ Perfformiwyd cynhyrchiad *King Lear* gyda Derek Jacobi yn 2010 yn theatr y Donmar Warehouse yn Llundain ar set oedd ar ffurf ciwb o fyrddau gwyn yn y bôn.
▶ Perfformiwyd cynhyrchiad RSC o *Macbeth* yn 1978 ar set oedd ar ffurf cylch ag ymyl ddu gyda rhai cratiau orenau o'i gwmpas.
▶ Defnyddiodd sioe un dyn Daniel Kitson yn 2010, *It's Always Right Now, Until It's Later,* lwyfan noeth heblaw am gadair bren a chyfres o fylbiau golau yn hongian uwchben.

Mae setiau fel hyn yn aml yn cael eu gweld mewn cynyrchiadau **episodig** lle mae'n rhaid awgrymu llawer o leoliadau gwahanol yn gyflym, neu lle mae'r ffocws yn llwyr ar yr actorion ac adrodd y stori yn hytrach nag unrhyw **ryfeddod**.

▲ Cynhyrchiad 1997 o Waiting for Godot *yn yr Old Vic.*

PENNOD 4 DADANSODDI A GWERTHUSO DYLUNIO SET

Set arddulliedig

Yn aml mae gan setiau arddulliedig nodweddion wedi'u gorwneud neu nodweddion annaturiolaidd. Gallai set bwysleisio syniadau neu themâu penodol y ddrama. Er enghraifft, mae set The National Theatre ar gyfer *The Curious Incident of the Dog in the Night-Time* yn awgrymu sut mae ymennydd Christopher, y prif gymeriad, yn gweithio. Mae'n cael ei ysbrydoli gan labordai, bwrdd digwyddiadau a grid mathemategol ac ar yr un pryd mae'n cynnig hyblygrwydd i gynrychioli llawer o leoliadau gwahanol. Ar y llaw arall, gallai drama am drachwant fod â set sydd wedi'i chwistrellu â phaent aur. Hefyd, gallai drama am ddiffyg preifatrwydd fod â chamerâu gwyliadwriaeth yn taflunio symudiadau'r actorion ar sgrin.

Set ffantasi

Bydd set ffantasi yn creu byd afreal, goruwchnaturiol efallai, fel stori tylwyth teg neu le dychmygol arall. Gallai set ar gyfer pantomeim, er enghraifft, ddefnyddio lliwiau llachar a dodrefn enfawr. Gallai fod effeithiau arbennig, fel platfformau sy'n gallu cael eu codi neu eu gostwng, neu ddarnau mawr o set, fel cerbyd sy'n gallu cael ei rowlio ar y llwyfan. Byddai'n bosibl creu effeithiau dramatig a moethus drwy orchuddio eitemau, cael defnyddiau llachar a gostwng eitemau o'r brig (eu 'hedfan i mewn').

▲ Alice's Adventures in Wonderland

Cyfuniad

Bydd rhai dyluniadau yn cynnwys elfennau o ddau neu ragor o fathau o ddyluniadau set. Er enghraifft, roedd cynhyrchiad 2014 o *Our Town* yn Theatr Almeida, Llundain, yn cyfuno set fodern finimalaidd o fwrdd a chadeiriau yn unig am y rhan fwyaf o'r ddrama gyda chegin gyfnod hynod realistig yn cael ei **datgelu** ar y diwedd. Ar gyfer *The Nether* yn Theatr y Royal Court, defnyddiodd y dylunydd Es Devlin nifer o fathau o ddyluniadau set. Roedd golygfa gyda byrddau a chadeiriau minimalaidd, fersiwn arddulliedig o fyd y rhyngrwyd ac yna rhywbeth y byddai'n bosibl ei ystyried yn fersiwn **ffantasi** o'r byd hwnnw.

TASG 1

1 Edrychwch ar y ffotograffau ar y tudalennau hyn a phenderfynwch pa fath neu fathau o set sydd yno.

2 Dewiswch un o'r setiau a disgrifiwch y set mor fanwl ag y gallwch chi. Ystyriwch:
   ▶ y lliwiau a'r deunyddiau sy'n cael eu defnyddio
   ▶ gosodiad y set a'r dodrefn llwyfan (i fyny'r llwyfan, i lawr y llwyfan, ac ati)
   ▶ graddfa (maint) y set
   ▶ defnydd o lefelau, drysau, **rampiau**, **grisiau**, ac ati
   ▶ unrhyw nodweddion penodol eraill.

▲ Branwen

Terminoleg drama: set

Er mwyn ysgrifennu'n gywir am ddylunio set, mae angen i chi ddeall y derminoleg gywir.
Dyma rai geiriau defnyddiol i'ch helpu chi i ddisgrifio ac i ddadansoddi'r hyn rydych chi wedi'i weld.

BRIG
Y lle gwag uwchben y llwyfan, fel arfer allan o olwg y gynulleidfa, sy'n cael ei ddefnyddio i storio neu i ostwng ('hedfan') eitemau ar y llwyfan.

FFLAT
Darn o olygfa, yn aml wedi'i beintio, wedi'i fowntio ar ffrâm dal.

TAFLUNIAD
Ffilm neu ddelwedd lonydd sy'n cael ei thaflunio i greu cefndir theatraidd.

SYSTEM Y BRIG
Ffordd o godi a gostwng golygfeydd neu eitemau eraill ar y llwyfan gan ddefnyddio system o raffau a phwlïau. Ystyr yr ymadrodd 'hedfan set i mewn' (*fly a set in*) yw gostwng golygfa o'r brig.

ESGYLL / GOFOD ESGYLL
Ardal ar ochr y llwyfan y mae actorion yn gallu dod i'r llwyfan oddi arni. Mae'n bosibl symud propiau, addurniadau neu olygfeydd o'r esgyll i'r llwyfan hefyd.

CEFNLEN
Darn mawr o ddefnydd wedi'i beintio sy'n cael ei hongian, fel arfer yng nghefn y llwyfan, yn rhan o'r olygfa.

SGRIMAU NEU RWYLLEN
Llenni a allai fod yn hongian yn rhydd neu wedi'u mowntio ar ffrâm. Maen nhw'n dryloyw os ydyn nhw'n cael eu goleuo mewn ffordd benodol.

PLATFFORM
Ardal wedi'i chodi ar y llwyfan.

SET BOCS
Lleoliad ystafell gyfan, yn aml yn naturiolaidd, gyda thair wal a phedwaredd wal sydd 'ar goll' yn wynebu'r gynulleidfa.

TRAPDDOR
Drws yn llawr neu nenfwd llwyfan fel bod gwrthrychau neu berfformwyr yn gallu cael eu gollwng, eu codi neu eu gostwng.

SGAFFALDAU
Strwythur mawr – byrddau a pholion metel fel arfer. Mae'r rhain yn creu lefelau gwahanol ar set.

PENNOD 4 DADANSODDI A GWERTHUSO DYLUNIO SET

ADDURNIADAU SET
Eitemau ar y set nad ydyn nhw'n cael eu defnyddio fel propiau, ond sy'n creu manylder a diddordeb, fel ffiolau neu ddarluniau mewn fframiau.

PROPIAU
Eitemau y mae'n bosibl eu symud ar y llwyfan, gan gynnwys propiau llaw y mae'r actorion yn gallu eu cario, fel llyfrau, cwpanau a ffonau.

SEICLORAMA
Llen neu sgrin fawr hanner cylch wedi'i hymestyn, fel arfer mae wedi'i gosod i fyny'r llwyfan. Mae'n aml yn dangos cefndir, fel yr awyr.

LLENNI
Ffabrigau sy'n hongian.

DODREFN
Dodrefn ar y set, fel cadeiriau, clustogau a byrddau.

GRISIAU
Grisiau o un lefel o'r set i un arall. Mewn rhai cynyrchiadau, mae grisiau mawreddog yn nodwedd ddylunio.

RAMPIAU
Llwybr ar oledd i gerdded arno neu i gludo rhywbeth ar olwynion.

TRYC
Platfform ar olwynion fel bod golygfeydd yn gallu cael eu mowntio a'u symud.

DYFAIS SY'N CYLCHDROI
Dyfais mawr y mae'n bosibl ei throi i ddatgelu lleoliad gwahanol.

GORCHUDDION LLAWR
Unrhyw orchudd dros lawr y llwyfan, fel effaith pren i ymddangos fel estyll (*floorboards*), neu linoliwm ar gyfer llawr cegin.

FFEDOG Y LLWYFAN
Ardal ar flaen llwyfannau proseniwm sy'n dal yn weladwy i'r gynulleidfa pan fydd y llenni wedi'u cau.

TASG 2
Ysgrifennwch ddisgrifiad o set rydych chi wedi'i gweld gan ddefnyddio o leiaf 5 o'r termau sydd wedi'u rhoi yma.

TASG 3
Gwnewch fraslun o un prop pwysig neu ddarn pwysig o ddodrefn llwyfan o gynhyrchiad rydych chi wedi'i weld. Labelwch y braslun â nodiadau am sut mae'r prop yn cael ei ddefnyddio, y lliw, y deunyddiau, y maint, ac ati.

Mae fersiwn ar gael i'w lawrlwytho ar wefan Hachette Learning.

GWERTHUSO THEATR FYW

AWGRYM

Os gallwch chi, dewch o hyd i ffotograffau o'r cynhyrchiad i'ch atgoffa eich hun o elfennau allweddol y set.

Gwneud nodiadau dylunio set ar y cynhyrchiad rydych chi wedi'i weld

Defnyddiwch y siart isod i wneud nodiadau ar y set yn y sioe rydych chi wedi'i weld. Awgrymiadau i'ch helpu chi sydd yma, ond fyddan nhw ddim yn cynnwys pob nodwedd.

Yn ddelfrydol, gwnewch eich nodiadau cyn gynted ag y gallwch chi ar ôl gweld y ddrama.

Nodiadau dylunio set		Lluniwch fraslun sylfaenol.
Cynhyrchiad		
Math o set	▸ Naturiolaidd? ▸ Minimalaidd? ▸ Arddulliedig? ▸ Ffantasi? ▸ Cyfnod? ▸ Cyfoes?	
Maint, graddfa a gosodiad	▸ Pa mor fawr yw gofod y llwyfan a'r golygfeydd? ▸ Ble mae eitemau allweddol wedi'u gosod ar y llwyfan? ▸ Ble mae'r mynedfeydd a'r allanfeydd?	
Lliwiau a deunyddiau	▸ Beth yw'r prif liwiau sy'n cael eu defnyddio? ▸ Ydy'r waliau a'r ffabrigau yn blaen neu'n batrymog? ▸ Beth sy'n cael ei ddefnyddio i adeiladu'r set: ffabrigau, pren, plastig, metel ac ati?	
Cefndir	▸ Llenni/ffabrigau sy'n hongian? ▸ Fflatiau? ▸ Cefnlenni? ▸ Seiclorama? ▸ Wal noeth?	
Lefelau	▸ Platfformau? ▸ Sgaffaldau? ▸ Rampiau? ▸ Grisiau?	
Technoleg	▸ Tafluniadau? ▸ Amlgyfrwng?	

Sut mae'r set yn cael ei defnyddio?

Wrth i chi wylio'r ddrama, ystyriwch y ffyrdd gwahanol y mae'r set yn cyfrannu at naws y ddrama, a digwyddiadau'r ddrama. Er enghraifft:

- Ydy gofod y llwyfan i gyd yn cael ei ddefnyddio, neu ran o'r llwyfan yn unig?
- Oes lefelau gwahanol y mae cymeriadau yn mynd arnyn nhw ar eiliadau allweddol?
- Oes unrhyw bropiau pwysig? Beth ydyn nhw? Sut maen nhw'n cael eu defnyddio?
- Ydy'r set yn newid ar unrhyw adeg?
- Ydy'r set yn pennu cyfnod neu dymor penodol?
- Ydy'r set yn cefnogi ystyr y ddrama a chysyniad y cyfarwyddwr ohoni?
- Sut mae'r perfformwyr yn dod ar y llwyfan a mynd oddi arno?
- Oes unrhyw effeithiau arbennig?

Effeithiau dylunio set

Hyd yn oed yn ystod cyfnod Shakespeare, roedd rhai effeithiau llwyfan arbennig, fel **trapddorau** yn y llawr a lle gwag uwchben y llwyfan y gallai eitemau neu bobl gael eu gostwng ohono. Mewn theatr gyfoes, mae effeithiau arbennig yn gallu cynnwys:

▶ **dyfeisiau sy'n cylchdroi** (*revolves*)
▶ platfformau symudol
▶ bwrw eira, glaw neu betalau
▶ eitemau o set wedi'u gostwng o'r brig (eu 'hedfan i mewn')
▶ **rhwyllen** (*gauze*) sydd, o'i goleuo mewn ffordd benodol, yn datgelu golygfa y tu ôl iddi.

Yn nyluniad Es Devlin ar gyfer *Faith Healer* yn theatr y Donmar Warehouse yn Llundain yn 2016, roedd gan y set effaith arbennig, sef llenni glaw a oedd yn ymddangos rhwng y golygfeydd. Roedd yn cuddio'r set ac yn cyfleu'r tirweddau gwledig arallfydol, glawog, y mae'r cymeriadau yn ymweld â nhw.

TASG 4

1 Meddyliwch yn ôl am ddrama rydych chi wedi'i gweld a'r ffyrdd pwysig y cafodd y set ei defnyddio. Efallai byddwch chi eisiau ystyried eiliadau allweddol fel dechrau neu ddiweddglo'r ddrama, pan mae cymeriad pwysig yn dod ar y llwyfan am y tro cyntaf, neu uchafbwynt y ddrama.

2 Ysgrifennwch baragraff sy'n esbonio effaith defnyddio'r set fel hyn ar y gynulleidfa. Er enghraifft:

> Ar ddiwedd y ddrama, cafodd Faustus ei ostwng drwy drapddor o olwg y gynulleidfa. Roedd hon yn eiliad syfrdanol i'r gynulleidfa wrth i ni sylweddoli ei fod yn disgyn i uffern. Oherwydd ei fod yn disgyn yn araf, roedd y tensiwn yn hir ac yn iasol. Cafodd yr effaith ei dwysáu gan **beiriannau gwynt** yn yr **esgyll** a chwythodd y tudalennau o lyfrau Faustus gan wneud iddyn nhw chwyrlïo'n afreolus. Roedd y llyfrau, a oedd yn ymddangos wedi'u rhwymo mewn lledr gyda thudalennau **memrwn**, yn cynrychioli oes o waith dysgu Faustus. Wrth i'r tudalennau hedfan oddi ar y llwyfan ac i mewn i'r gynulleidfa, roedd yn dangos y byddai hynny i gyd yn diflannu gydag ef.

GWERTHUSO THEATR FYW

 **THEATR AR WAITH**

Es Devlin, o'i haraith yn FutureFest 2016:

▲ Es Devlin gyda'i dyluniad coeden Nadolig ar gyfer Amgueddfa'r V&A.

> Dylunydd setiau ydw i. Rwy'n dylunio llwyfannau, gofodau lle mae pobl yn chwarae, rwy'n gwneud gofod lle mae pobl yn canu. Maen nhw'n dawnsio. Maen nhw'n siarad. Maen nhw'n perfformio dramâu, caneuon, ac operâu. Rwy'n gweithio mewn gofodau o bob maint, o 200 o bobl yn gwylio drama Brian Friel yn theatr y Donmar Warehouse y mis diwethaf i 20,000 o bobl a fydd yn gwylio Adele yn canu ddydd Llun yn Madison Square Garden yn Efrog Newydd … Mae'r rhan fwyaf o'm profiadau gydag **agorfeydd** a fframiau, rwy'n fframio pobl …

💡 **AWGRYM**

Gallech chi wylio araith lawn Es Devlin o FutureFest 2016 ar YouTube. Mae hi'n trafod creu 'fframiau' i'r actorion. Ystyriwch sut mae'r set rydych chi'n ei dadansoddi yn cynnwys neu yn cyfoethogi gwaith y perfformwyr. Meddyliwch am ddrysau, ffenestri, waliau a dyfeisiau fframio eraill.

 THEATR AR WAITH

Mewn erthygl yn *The Stage* yn 2020, esboniodd y dylunydd Rosie Elnile sut mae hi'n gweld dylunio fel gweithred wleidyddol. Mae hi'n ystyried y cymunedau y mae'r theatr yn eu gwasanaethu, ecoleg y dyluniad sydd ganddi mewn golwg, a ble a sut mae'r deunyddiau'n cael eu gweithgynhyrchu. Fe wnaeth hi greu project dylunio dyfaliadol a oedd yn edrych ar blannu gardd yn y Gate Theatre. Yn ôl Elnile, 'Mae setiau yn ofodau gweithredol ar gyfer gweithredoedd trawsnewid.'

💡 **AWGRYM**

Ystyriwch y siapiau a'r ffurfiau sy'n cael eu defnyddio ar y llwyfan. Mae gwahaniaeth rhwng effaith ciwb a chylch neu linell syth a sgwigl. Ystyriwch pam mae dylunydd wedi dewis un siâp neu ffurf yn hytrach nag un arall.

▲ Roedd y dylunydd yn meddwl am y set nid fel set arferol, ond fel amgylchedd, yn y ddrama *Prayer* gan Rosie Elnile.

💡 **AWGRYM**

Wrth astudio dyluniad drama, archwiliwch a oes dewisiadau diwylliannol a gwleidyddol yn y dyluniad hwnnw. Er enghraifft, gyda'r mathau o ddeunydd sy'n cael eu defnyddio, perthynas y dyluniad â'r gynulleidfa neu ei berthnasedd i fater gwleidyddol hanesyddol neu gyfoes. Ystyriwch sut mae'r dewisiadau hyn yn gweithio gyda bwriadau artistig y cynhyrchiad.

Gwerthuso dyluniad set

Yn ogystal â disgrifio a dadansoddi'r set, mae'n rhaid i chi farnu a oedd y set yn effeithiol ac yn llwyddiannus ai peidio. Mae angen gwneud mwy na dim ond ysgrifennu ei fod 'yn dda' neu 'yn wael' neu 'yn hardd' neu 'yn hyll'. Meddyliwch am y canlynol:

Oedd y set wedi llwyddo i gyflawni ei phwrpas?
Er enghraifft, os oedd hi i fod i gynrychioli cyfnod neu leoliad penodol, a lwyddodd hi?

Oedd y set o safon dechnegol uchel?
Er enghraifft, oedd y newidiadau set wedi'u gwneud yn effeithlon ac yn llyfn? Oedd y set yn ddigon cadarn i'r gofynion a oedd arni? Oedd hi'n addas i'r **gosodiadau** llwyfan ac yn osgoi rhwystro **llinellau gweld**?

Oedd y set wedi llwyddo i ymgysylltu â'r gynulleidfa ac ennyn ei diddordeb?
Er enghraifft, oedd hi'n ddeniadol neu'n aml-ddefnydd neu'n glyfar neu'n gredadwy?

Oedd y set wedi llwyddo i gyfrannu at y naws a'r awyrgylch?
Er enghraifft, os oedd y ddrama yn gomig neu'n codi ofn, oedd y set yn cyfrannu at hynny?

Oedd y set wedi llwyddo i'ch helpu chi i ddeall y cymeriadau a'u bywydau?
Er enghraifft, os oedd y cymeriadau yn gyfoethog neu'n dlawd iawn, oedd y set yn cynrychioli hynny?

Oedd y set yn cefnogi digwyddiadau'r ddrama?
Er enghraifft, os oedd cymeriad i fod yn gudd, oedd y set wedi creu cuddfan gredadwy? Os oedd cymeriad yn gwneud ymddangosiad pwysig ar y llwyfan, sut roedd y set yn caniatáu hynny?

Oedd y set yn cefnogi themâu'r ddrama?
Er enghraifft, os oedd y ddrama am uchelgais neu anghyfiawnder, oedd y set yn cyfleu hynny?

GWERTHUSO THEATR FYW

Ymarfer dadansoddi a gwerthuso

Mae'r ddau ddarn canlynol o ymatebion tebyg i rai ymgeiswyr sy'n dadansoddi ac yn gwerthuso dyluniad set.

TASG 5

1. Darllenwch yr ymatebion isod a rhowch:
   - **P** wrth ochr unrhyw fanylion perfformio
   - **T** wrth ochr terminoleg gywir.
2. Nodwch unrhyw bwyntiau rydych chi'n credu eu bod nhw'n dadansoddi'r set (**D**) ac unrhyw bwyntiau rydych chi'n ystyried eu bod nhw'n gwerthuso (**G**).

Mae un enghraifft o bob un wedi'i gwneud i chi.

AWGRYM

Mae'r darnau hyn yn seiliedig ar brofiadau ymgeiswyr penodol o berfformiadau arbennig. Pwyntiau enghreifftiol yn unig y gallech chi eu gwneud yw'r rhain, nid atebion enghreifftiol. Hyd yn oed os gwelsoch chi'r un perfformiad, bydd eich atgof, eich nodiadau a'ch ymatebion yn wahanol. Gallai'r darnau fod yn ddefnyddiol fel man cychwyn i drafodaeth ehangach neu fel tasg o fewn y dosbarth.

Roedd gan *Approaching Empty* yn y Kiln Theatre set naturiolaidd yn bennaf, a oedd wedi'i dylunio gan Rosa Maggiora. Mae'r ddrama wedi'i gosod ym mis Ebrill 2013, yn union ar ôl marwolaeth Margaret Thatcher. Roedd y set, ar osodiadau llwyfan **ochrol**, **T** yn cynrychioli swyddfa cwmni tacsis mewn trafferthion, mewn dinas yng ngogledd Lloegr. Ganol llwyfan roedd dwy ddesg swyddfa rad ac aniben a oedd yn edrych fel rhai pren, gyda chadeiriau swyddfa ar olwynion bach. Roedd ffonau, hancesi, lampau gwaith a deunydd ysgrifennu dros y desgiau i gyd. Chwith llwyfan roedd drws a oedd yn arwain at beiriant coffi wedi'i oleuo â golau logo 'Gold Blend'. **P** Dde llwyfan roedd cabinet ffeilio gyda hen deledu ar ei ben, fel bod Mansha, y prif gymeriad, yn gallu gwylio'r newyddion. Yr agwedd fwyaf amlwg ar y set, a'r unig ardal arddulliedig, oedd y map ffyrdd mawr iawn (du a gwyn yn bennaf) a oedd yn gorchuddio'r wal i fyny'r llwyfan i gyd. Er ei bod hi'n anodd i'r gynulleidfa ddarllen y map, roedd fel petai'n dangos yr ardaloedd lle mae'r tacsis yn mynd, gyda llinellau coch llachar yn gwahanu'r ardaloedd gwahanol. Roedd yr effaith yn llethol ac yn orthrymus, **G** fel petai dim llawer ym mywydau'r cymeriadau heblaw am y swyddfa ddi-raen hon a llwybrau'r tacsis. **D**

Wrth wraidd y ddrama mae'r gwrthdaro rhwng Mansha a'i ffrind gorau Raf sy'n rhedeg y busnes. Mae'r ddau ddyn o Pakistan ac maen nhw'n rhannu hanes, ond mae eu hagweddau yn wahanol iawn. Roedd eu defnydd o ofod y llwyfan yn pwysleisio'r gwahaniaethau hyn, gyda Mansha yn eistedd yn gyfforddus wrth ei ddesg am y rhan fwyaf o'r ddrama, ond prin mae Raf yn eistedd (roedd ei ddesg yn wynebu un Mansha). Yn hytrach, byddai'n hongian ei got yn gyflym ar y bachyn i fyny'r llwyfan, ac yn cerdded o gwmpas y llwyfan. Yn y gofod clawstroffobig hwn, mae'r peiriant coffi, mewn gofod tywyll y tu allan i'r prif ddrws, yn cynnig lle i ddianc iddo. Pan mae Mansha'n penderfynu gwella'r swyddfa, mae can mawr o baent lliw magnolia yn ymddangos. Ond, fel arwydd o natur anobeithiol ei gynlluniau, dim ond eistedd o flaen desg mae'r can, heb gael ei ddefnyddio byth. Fel aelod o'r gynulleidfa, teimlwn fel petawn i wedi cael fy nal yn y swyddfa ddiflas, fel y cymeriadau.

Ceisiodd y dylunydd roi mewnwelediad i fywydau cymeriadau sy'n ymddangos yn anaml ar y llwyfan. O'r nodiadau mewn llawysgrifen ar y wal i fyny'r llwyfan yn dweud 'Dydd Llun yw diwrnod y rhent' a 'Cofiwch lanhau ar ôl eich shifft', i'r 'moethau' bach fel bwrdd dartiau ac ychydig o gylchgronau, mae yma bortread o waith diflas bob dydd gweithwyr mewn trafferthion. Dydy hi ddim yn set hardd ac ar adegau roedd hi'n anodd edrych arni, ond roedd y dewisiadau yn teimlo'n ddilys.

B

Ar gyfer *Amadeus* yn y National Theatre, penderfynodd y dylunydd Chloe Lamford gyfuno Wien Salieri a Mozart yn y ddeunawfed ganrif â'r presennol. Wrth i'r ddrama agor, mae'r set yn cael ei pharatoi fel petai cyngerdd modern yn mynd i ddechrau. Dim ond pan mae Salieri yn ymddangos mewn cadair olwyn bren o'r cyfnod **P** mae hi'n amlwg ein bod ni mewn cyfnod cynharach. Fodd bynnag, mae cymysgu nodweddion cyfnod a chyfoes, fel bocs cacennau cardbord modern wrth ymyl y llu o bropiau a nodweddion pensaernïol o gyfnod y ddeunawfed ganrif, **D** yn creu ansawdd arallfydol, sy'n addas i'r ddrama atgof hon. **G**

Prif nodweddion y set, ar lwyfan mawr theatr yr Olivier, sydd wedi'i gosod yn debyg i **amffitheatr**, oedd nifer o risiau hir, a oedd yn arwain at blatfform uwch, a cholofnau bob ochr i hwn. **T** Roedd gan y rhain effaith marmor. Roedd rhai yn ymddangos yn dri dimensiwn ac eraill yn ddau ddimensiwn. Roedd hyn yn awgrymu mawredd y llys, ond hefyd yn tynnu sylw at agweddau artiffisial ac arddulliedig y dyluniad. Roedd **candelabra** aur ar siâp angylion yn dwysáu'r argraff o gyfoeth. Mae hyn yn cefnogi digwyddiadau'r ddrama, wrth i ni weld Salieri yn dod yn gyfoethocach wrth i Mozart fynd yn dlotach.

Roedd y llwyfan yn cael ei ddefnyddio mewn un o'r ffyrdd mwyaf syfrdanol wrth gyflwyno'r operâu. Roedd **cefnlenni** cain wedi'u hargraffu yn rhoi cefndir chwareus a hudolus. Roedd gan yr interliwdiau theatraidd hyn effeithiau arddulliedig ac artiffisial, fel y dyn yn y lleuad wedi'i beintio ar y gefnlen, cymylau ysgafn a goleuadau fel gwyntyll o'r cyfnod. Roedd y golygfeydd hyn yn creu cyffro i'r gynulleidfa ac yn cyfleu talent Mozart a'i gymeriad eofn ar yr un pryd.

I gyferbynnu, roedd nifer o olygfeydd preifat, lle roedd y propiau a'r dodrefn yn bwysig. Yn yr olygfa lle mae Salieri yn ceisio denu Constanza, mae hi'n aml yn cadw'r piano mawr ganol llwyfan rhyngddyn nhw ac yn dal cas llyfr lledr yn dynn wrth ei brest. Mewn golygfeydd eraill, mae Mozart i'w weld ar ben y piano. Yn arwyddocaol, pan mae Mozart yn anobeithio, mae ar y piano, yn cael ei droi gan yr ensemble, ac mae'r papurau wedi'u gwasgaru ar draws y llwyfan er mwyn dangos anhrefn ei fywyd. Mae'n **symbolaidd** bod Mozart i'w weld mor aml wrth y piano ac, yn y pen draw, dyma lle mae'n marw. Fodd bynnag, ar ôl marwolaeth drist, gynnar Mozart, mae'r dylunydd, drwy ddefnyddio effeithiau arbennig fel conffeti aur, yn dathlu ei athrylith sy'n parhau.

Roedd amrywiaeth eang y technegau dylunio yn creu cryn dipyn o ddiddordeb a syndod gweledol. Llwyddodd y cymysgedd annisgwyl o elfennau cyfoes a chyfnod ac elfennau realistig ac arddulliedig, i greu profiad theatraidd wedi'i ddwysáu a llawn cyffro.

TASG 6

1 Dewiswch ddyluniad set o ddrama rydych chi wedi'i gweld ac atebwch y cwestiwn canlynol:

> Dadansoddwch a gwerthuswch sut mae'r dyluniad set yn y cynhyrchiad yn cyfrannu at yr hyn sy'n digwydd yn y ddrama.

2 Yna anodwch eich ateb yn yr un ffordd â'r atebion uchod am fanylion, terminoleg, dadansoddi a gwerthuso.

AWGRYM

Gall eich ymatebion penodol chi i'r set fod yn rhan o'r gwerthusiad. Efallai mai chi'n unig sy'n ymateb fel hyn, ond dylai eich gwerthusiad fod yn seiliedig ar eich profiad fel aelod ystyriol, gwybodus o'r gynulleidfa.

TASG 7

Dewiswch un o'r cwestiynau isod a gwnewch gynllun manwl ar gyfer sut byddech chi'n ei ateb:

a Gwerthuswch y cyfraniad a wnaeth y dyluniad set i fwriadau artistig y cynhyrchiad byw, ac esboniwch ei effaith arnoch chi fel aelod o'r gynulleidfa.

b Disgrifiwch sut cyfrannodd y dyluniad set mewn dwy olygfa allweddol at y cyd-destun ac at naws y cynhyrchiad. Dadansoddwch a gwerthuswch pa mor llwyddiannus oedd y dyluniad set wrth gyfleu ystyr i'r gynulleidfa.

AWGRYM

Gallwch chi ddefnyddio'r acronym MDTG i wirio eich gwaith:

Manylion
Dadansoddi
Terminoleg
Gwerthuso.

▶ Mae cyngor ar sut i wneud cynlluniau ar dudalennau 66–67 yn y llyfr hwn.

PENNOD 5
DADANSODDI A GWERTHUSO GWISGOEDD

Mae dyluniad gwisgoedd yn un o elfennau mwyaf nodedig cynhyrchiad theatraidd ac mae'n cynnwys popeth y mae cymeriadau yn ei wisgo ar y llwyfan. Wrth ysgrifennu am hyn, gallwch chi ystyried llawer o elfennau gan gynnwys dillad, cyfwisgoedd, colur, steiliau gwallt a mygydau.

Steiliau gwisgoedd

Pan rydych chi'n edrych ar y gwisgoedd am y tro cyntaf, dylech chi ystyried pa fath o wisgoedd ydyn nhw. Er enghraifft, gallen nhw fod yn:

naturiolaidd   **cyfuniad**   **cyfnod neu hanesyddol**

cyfoes modern   **arddulliedig neu ffantasi**

Bydd genre, arddull a lleoliad cynhyrchiad yn dylanwadu ar y math o wisgoedd sy'n cael eu defnyddio. Dyma rai o nodweddion allweddol pob math.

Gwisgoedd naturiolaidd

Bydd y rhain yn cynrychioli'n gywir ddillad cymeriad o gefndir penodol mewn cyfnod a lle penodol. Bydd ganddyn nhw fanylion realistig. Mae dylunwyr naturiolaidd yn gweithio ar greu dillad sy'n ddilys. Maen nhw'n aml yn rhoi sylw i'r dillad isaf ac i gyflwr y dillad. Maen nhw hefyd yn ail-greu ffabrigau a chyfwisgoedd a fyddai ar gael yn y cyfnod neu'r lleoliad.

Gwisgoedd arddulliedig a ffantasi

Dydy gwisgoedd arddulliedig ddim yn ceisio cynrychioli'r dillad y mae pobl yn eu gwisgo go iawn. Maen nhw'n tueddu i bwysleisio rhyw agwedd ar y gwisgoedd neu'n dweud rhywbeth am y cymeriad neu'r byd y mae'n byw ynddo. Gallan nhw fod yn eithafol o ran siâp neu arddull, neu'n cyflwyno fersiwn delfrydol o harddwch. Hefyd, gallen nhw gynnwys **codau lliw** neu ddeunyddiau anarferol.

▲ Two Strangers (Carry A Cake Across New York)

Mae gwisgoedd ffantasi yn afrealistig ac wedi'u dwysáu. Efallai byddan nhw'n awgrymu storïau tylwyth teg neu fydoedd dychmygol eraill. Mae gwisgoedd ar gyfer pantomeim, er enghraifft, yn aml yn defnyddio lliwiau llachar a silwetau wedi'u gorwneud. Bydd gwisgoedd lle mae actorion yn chwarae anifeiliaid yn arddulliedig, efallai drwy ddefnyddio un gwrthrych fel penwig, neu byddan nhw'n ffantasi, gan ddefnyddio corff anifail llawn, efallai.

Gwisgoedd modern a chyfoes

Mae'r gwisgoedd hyn yn adlewyrchu dillad pobl heddiw. Efallai byddan nhw'n dilyn tueddiadau ffasiwn cyfredol neu yn portreadu gwahaniaethau dosbarth neu wahaniaethau daearyddol. Efallai byddan nhw'n copïo iwnifformau, fel lifrai milwyr, dillad ysgol, meddygon neu weinyddion. Mewn rhai achosion, mae'r rhain yn cael eu prynu o siopau dillad gwaith neu siopau ail-law. Weithiau bydd dylunydd yn dewis defnyddio **dillad modern** ar gyfer cynhyrchiad cyfnod, er enghraifft, diweddaru drama gan Shakespeare i'r presennol.

Gwisgoedd hanesyddol a chyfnod

Mae gwisgoedd hanesyddol yn cynrychioli dillad o gyfnod yn y gorffennol, fel cymuned Biwritanaidd yr ail ganrif ar bymtheg yn y ddrama *Y Crochan* (*The Crucible*), neu Salford y dosbarth gweithiol yn yr 1950au yn y ddrama *A Taste of Honey*. Felly, byddan nhw'n naturiolaidd o ran arddull. Mae angen cryn dipyn o ymchwil ar gyfer gwisgoedd cyfnod dilys. Bydd dylunwyr yn gwneud ymdrech i gael y manylion yn fanwl gywir, gan gynnwys ffabrigau neu steiliau esgidiau penodol.

Gwisgoedd sy'n cyfuno arddulliau

Mae rhai dylunwyr yn dewis cyfuno elfennau o ddau fath neu ragor o wisgoedd. Er enghraifft, mae gwisgoedd y prif gymeriadau yn y sioe gerdd *Hamilton* yn seiliedig yn bennaf ar wisgoedd hanesyddol. Fodd bynnag, mae gwisgoedd yr ensemble yn awgrymu'r cyfnod, ond maen nhw'n fwy arddulliedig, gyda legins a breichiau noeth, sy'n cyfleu nodweddion modern y ddrama. Yn y cynhyrchiad gwreiddiol o'r ddrama *Equus*, roedd y prif actorion yn gwisgo dillad modern naturiolaidd ond roedd yr actorion a oedd yn chwarae ceffylau yn gwisgo penwisgoedd metel arddulliedig a 'charnau' (*hooves*). Mae gan rai cynyrchiadau un wisg sylfaenol y gallai actorion ychwanegu cyfwisg symbolaidd neu eitem o ddillad ati.

> ### TASG 1
>
> 1. Edrychwch ar y ffotograffau ar y tudalennau hyn a phenderfynwch pa fathau o wisgoedd sydd yno.
> 2. Dewiswch un o'r gwisgoedd a disgrifiwch y wisg mor fanwl ag y gallwch chi. Ystyriwch:
>   - y lliwiau, y ffabrigau a'r defnyddiau
>   - sut maen nhw'n ffitio a'r silwét
>   - **trimiau** neu orffeniadau (*finishings*) eraill, fel botymau, dolennau (*bows*) neu frodwaith
>   - colur a steiliau gwallt
>   - cyfwisgoedd neu nodweddion penodol eraill.

▲ Hedda Gabler

▲ Branwen

GWERTHUSO THEATR FYW

Terminoleg drama: gwisgoedd

Er mwyn ysgrifennu'n gywir am ddylunio gwisgoedd, mae angen i chi ddeall y derminoleg gywir. Dyma rai geiriau defnyddiol i'ch helpu chi i ddisgrifio ac i ddadansoddi'r hyn rydych chi wedi'i weld.

MYGYDAU
Wyneb llawn neu rannol, meim, mwgwd dawns, anifail.

WIGIAU
Naturiol, cyfnod neu theatraidd.

LLINELL GWDDF/COLER
Uchel, isel; gwddf V, gwddf crwn; Peter Pan, Nehru ac ati.

GWALLT
Lliw, hyd, steil.

GEMWAITH
Clustdlysau, cadwyn neu fwclis, watsh, breichledau, modrwyau, broetshis.

PENWISGOEDD
Het, sgarff, coron, band pen, rhuban, penwisg, tiara ac ati.

HOSANWAITH
Teits, hosanau, hosanau byr; plaen neu batrymog; lliw'r croen neu liwgar.

DILLAD ISAF
Corsedwaith (fel bras a staesiau), sgertiau isaf/peisiau, camisolau, pants.

CYFLWR
'Wedi'u treulio' i edrych yn hen; wedi'u smwddio, glân, budr/brwnt, wedi'u rhwygo, wedi'u staenio, wedi'u trwsio, wedi colli lliw.

SILWÉT A FFIT
Tyn, llac, enfawr, gwasg uchel, gwasg isel, 'cloc tywod' (*hourglass*) ac ati.

36

PENNOD 5 DADANSODDI A GWERTHUSO GWISGOEDD

BLEW AR YR WYNEB
Mwstas, cernflew (*sideburns*), barfau.

PADIAU
Padiau amddiffynnol, padiau cymeriad (er enghraifft, er mwyn gwneud cymeriad yn fwy crwn), padiau ffasiwn (fel padiau ysgwydd), i roi silwét gwahanol.

TASG 2
Ysgrifennwch ddisgrifiad o wisg rydych chi wedi'i gweld gan ddefnyddio o leiaf 5 o'r termau sydd wedi'u rhoi yma.

COLUR
Naturiol, cymeriad, arddulliedig neu ffantasi.

ADDURNIADAU A THRIMIAU
Secwinau, rheinstonau ac ati; botymau, brêd, les, brodwaith, ffwr ffug.

GWISGOEDD I'R GWDDF
Teis, sgarffiau, crafatiau. Gwlân, sidan, polyester, patrymog neu blaen, wedi'u clymu neu'n llac.

CODAU LLIW
Defnyddio lliwiau penodol i gyfleu ystyron penodol, fel dosbarth cymdeithasol neu aelodaeth o grŵp.

DILLAD ALLANOL
Cotiau, siacedi, clogynnau, sioliau, cotiau gabardîn (*trench coats*).

PALET LLIW
Amrywiaeth y lliwiau sy'n cael eu defnyddio, fel arlliwiau tawel, arlliwiau hydrefol, lliwiau cynradd, du a gwyn; lliwiau cyflenwol neu liwiau sy'n gwrthdaro â'i gilydd.

FFABRIGAU
Sidan, gwlân, cotwm, polyester, shiffon, rwber; print neu blaen.

ADDURNIADAU ESGIDIAU
Logos, byclau, gemau, strapiau, rhubanau.

ESGIDIAU
Brogues, esgidiau heb gareiau, esgidiau â chareiau, esgidiau ymarfer, esgidiau sodlau uchel, sliperi, bŵts ac ati.

Mae fersiwn ar gael i'w lawrlwytho ar wefan Hachette Learning.

Gwneud nodiadau ar wisgoedd y cynhyrchiad rydych chi wedi'i weld

Defnyddiwch yr amlinelliad a'r awgrymiadau isod i wneud nodiadau ar wisgoedd y cynhyrchiad rydych chi wedi'i weld. Gwnewch eich nodiadau cyn gynted ag y gallwch chi ar ôl gweld y ddrama.

BRASLUNIAU O'R GWISGOEDD A NODIADAU DYLUNIO: MANYLION A THERMINOLEG

MATHAU O WISGOEDD
- Naturiolaidd?
- Arddulliedig?
- Ffantasi?
- Cyfnod?
- Cyfoes?

FFIT, SILWÉT A CHYFLWR
- Llac neu dynn?
- Gwasg uchel neu isel?
- Ysgwyddau cul neu lydan?
- Llinell gwddf?
- Hyd?
- Crychiog neu wedi'u smwddio?
- Hen neu newydd?
- Brwnt/budr neu lân?

LLIWIAU, FFABRIGAU A DEFNYDDIAU
- Beth yw'r prif liwiau sy'n cael eu defnyddio?
- Ydy'r ffabrigau yn blaen neu'n batrymog?
- Pa weadeddau sydd gan y ffabrigau?

GWALLT A CHOLUR
- Wigiau neu naturiol?
- Hir neu fyr?
- Lliw?
- Arddull/steil?
- Naturiol neu wedi'i orwneud?
- Unrhyw nodweddion wedi'u pwysleisio?
- Cyfwisgoedd?
- Penwisgoedd?
- Bagiau llaw?
- Siolau, clogynnau neu gotiau?
- Gemwaith?

ESGIDIAU
- Esgidiau?
- Sandalau?
- Esgidiau â chareiau?
- Esgidiau ymarfer?
- Bŵts?
- Troednoeth?

NEWIDIADAU GWISGOEDD
- Mwy nag un wisg?
- Sut cafodd y newidiadau eu cyflawni?

 Efallai byddwch chi eisiau argraffu mwy nag un o'r taflenni hyn i ddadansoddi gwisgoedd gwahanol.

PENNOD 5 DADANSODDI A GWERTHUSO GWISGOEDD

Sut mae'r gwisgoedd yn cael eu defnyddio?

Wrth i chi wylio'r ddrama, meddyliwch am sut mae'r gwisgoedd yn cyfrannu at y cymeriadu, yr arddull a'r digwyddiadau. Er enghraifft:

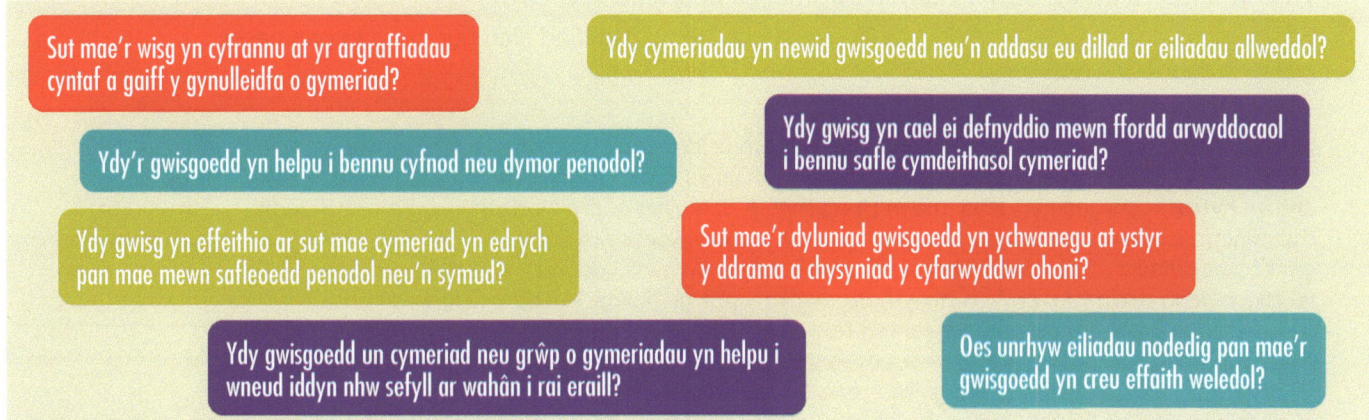

Heriau dylunio gwisgoedd arbennig

Mae rhai dylunwyr gwisgoedd yn wynebu heriau penodol. Er enghraifft, heriau posibl fyddai problemau cyffredin creu rhywbeth sy'n edrych yn ddrud ar gyllideb gyfyng, neu fod angen newid gwisgoedd yn gyflym. Gall gofynion penodol sgript fod yn heriol – er enghraifft, ail-greu anifeiliaid neu fodau anghyffredin yn *Midnight Pumpkin* gan Kneehigh Theatre. Ystyriwch a lwyddodd y dylunydd yn y cynhyrchiad a weloch chi i fodloni'r heriau canlynol:

▸ newid gwisgoedd yn gyflym, naill ai ar y llwyfan neu oddi arno
▸ gwisgoedd trawiadol, efallai'n ddrud iawn neu wedi'u gwneud i gyllideb gyfyng
▸ gwisgoedd i greu sut mae creaduriaid annynol (*non-human*) yn edrych
▸ gwisgoedd sy'n newid yn llwyr sut mae'r actor yn edrych, er enghraifft, gwneud iddyn nhw ymddangos yn llawer mwy
▸ gwisgoedd sy'n creu effaith pan fydd yr actor yn symud, fel **cynffonnau** hir i ffrogiau, clogynnau neu sgertiau
▸ gwisgoedd sy'n adlewyrchu nifer o gyfnodau amser.

Meddyliwch am sut llwyddodd y dylunydd i oresgyn heriau fel hyn. Er enghraifft, oedd y dylunydd wedi defnyddio padin i newid siâp actor, neu ddefnyddio trimio, fel ffwr ffug, i roi'r argraff bod y cymeriad yn gyfoethog? Pa mor llwyddiannus oedd y dewisiadau hyn?

AWGRYM

Ceisiwch ddod o hyd i ffotograffau o'r cynhyrchiad er mwyn eich atgoffa eich hun o elfennau allweddol y gwisgoedd.

TASG 3

Meddyliwch yn ôl am ddrama rydych chi wedi'i gweld a'r ffyrdd pwysig y cafodd y gwisgoedd eu defnyddio. Defnyddiwch y map meddwl isod i ddechrau datblygu eich syniadau:

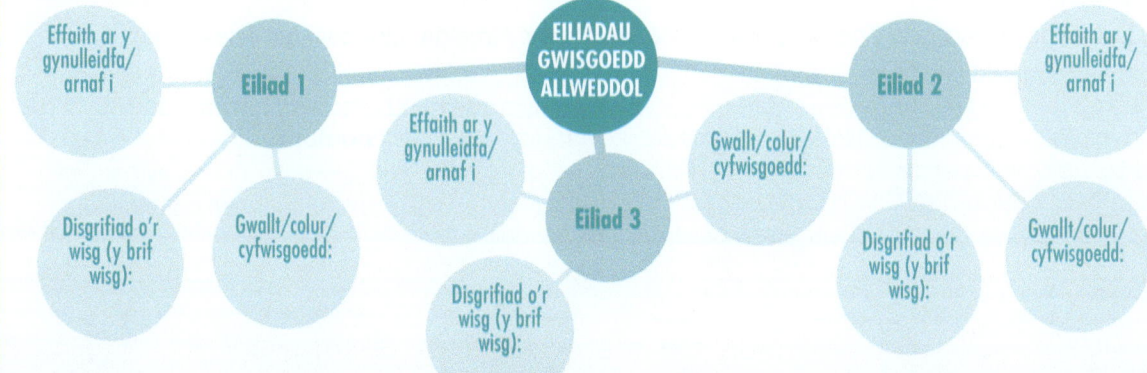

Mae'r ymateb isod yn disgrifio un wisg anarferol.

> **TASG 4**
>
> 1. Yn yr ymateb canlynol, nodwch fanylion y gwisgoedd ac effaith y rhain.
> 2. Edrychwch yn ôl ar Dasg 3 a'i defnyddio i ysgrifennu eich disgrifiad eich hun o eiliad pan oedd gwisg/gwisgoedd yn bwysig.

> Un eiliad lle cafodd gwisg effaith arwyddocaol ar y gynulleidfa oedd ymddangosiad yr Angel ar ddiwedd Act 1. Dewisodd y dylunydd beidio â chreu angel ystrydebol mewn gwyn gydag adenydd plu, ond yn hytrach gwisgodd yr actor mewn ffrog shiffon ddu gyda gwasg wedi'i thynnu i mewn. Roedd rhai fflachiadau o wyn yn ymddangos ym mhlygion y sgert. Roedd y wisg heb lewys, gyda **llinell gwddf 'sweetheart'**, fel ei bod yn hudol, fel petai'r Angel yn mynd i ddawns. Roedd hi'n ymddangos fel ffigur wedi'i ddelfrydu, efallai'n ffrwyth dychymyg y prif gymeriad. Roedd y wisg wedi'i chau a chareiau yn y cefn, fel ei bod hi'n edrych fel corsed. Roedd hi'n awgrymu cyfnod cyn yr 1980au lle mae'r ddrama wedi'i gosod. Roedd yr adenydd wedi'u creu â phlygiadau stiff o seloffen clir, a oedd yn disgleirio yn y golau. Roedd hi'n gwisgo penwisg fach, â phlu gwyn. Wrth iddi ymddangos yn uchel ar blatfform i fyny'r llwyfan wedi'i goleuo o'r cefn, roedd ansawdd tryleu (*translucent*) y defnyddiau yn gwneud iddi edrych yn arallfydol, fel bod aelodau'r gynulleidfa yn tynnu anadl.

THEATR AR WAITH

Roedd Paul Tazewell, dylunydd gwisgoedd *Hamilton*, yn sôn am y broses o greu gwisgoedd modern a chyfnod ar gyfer y sioe gerdd hip-hop am sefydlwyr America mewn cyfweliad yn yr *LA Times*.

Roedd arian yn dynn ar gyfer gweithdai cyntaf y sioe, felly dechreuodd y dyluniad gyda silwét syml lliw memrwn o fest, britshis a bŵts, gan ddangos y ddau gyfnod yn y ffordd roedd y sioe yn edrych ar y llwyfan. Newidiodd hyn wedyn i gotiau glas, trim coch a botymau pres Byddin Washington – a dim wigiau.

O ganlyniad i lwyddiant y gweithdy, penderfynodd Paul Tazewell ddefnyddio dyluniad cyfnod o'r gwddf i lawr a dyluniad modern o'r gwddf i fyny. Yn ail, penderfynodd dynnu'r gwaith brodio o'r ddeunawfed ganrif fel bod y gynulleidfa yn gallu canolbwyntio ar y stori ei hun.

Dyma gyswllt at yr erthygl:

https://www.latimes.com/entertainment/arts/la-et-cm-paul-tazewell-hamilton-costumes-20160610-snap-htmlstory.html#:~:text=Okieriete%20%E2%80%9COak%E2%80%9D%20Onaodowan,%20playing%20the%20dual
– 'Hamilton' costume designer on how he streamlined 18th century looks for a 21st century show - Los Angeles Times

THEATR AR WAITH

Nicky Gillibrand, Dylunydd Gwisgoedd *The Duchess of Malfi* yn Theatr Almeida, Llundain (yn *The Stage*):

Mae'r **trasiedi dial Jacobeaidd** wedi cael ei dorri ... ac mae mewn gwisgoedd modern. 'Mae'r ddrama'n teimlo'n gyfoes iawn,' medd Gillibrand, 'felly dwi'n ceisio dod o hyd i ddarnau sy'n awgrymu ansawdd hanesyddol. Mae pawb mewn dillad min nos. Defnyddiodd Rebecca [Frecknell, y cyfarwyddwr] y gair "**couture**" ac roedd hi eisiau palet lliw cyfyngedig. Felly, yn y pen draw mae gennym ni arlliwiau o ddu a gwyn, yna arlliwiau'r croen, sy'n eithaf heriol ynddo ei hun. Dwi'n ceisio disgrifio'r llys Eidalaidd gyda'r dewisiadau dwi'n eu gwneud, a dwi'n gwthio'r dyluniad fel ei fod yn edrych yn ddrud, o'r Dduges a'i brodyr, i lawr i weddill y llys.'

Gwerthuso gwisgoedd

Yn ogystal â disgrifio a dadansoddi'r gwisgoedd, mae'n rhaid i chi farnu oedden nhw'n effeithiol ac yn llwyddiannus ai peidio. Mae angen gwneud mwy na dim ond rhoi sylw eu bod nhw 'yn dda' neu 'yn wael' neu 'yn hardd' neu 'yn hyll'. Meddyliwch am y canlynol:

Oedd y gwisgoedd wedi llwyddo i fodloni eu pwrpas?
Er enghraifft, os oedden nhw i fod o gyfnod neu leoliad penodol, a lwyddon nhw?

Oedd y gwisgoedd wedi llwyddo i'ch helpu chi i ddeall y cymeriadau?
Er enghraifft, os oedd y cymeriadau yn gyfoethog neu'n dlawd neu'n ifanc neu'n chwilio am sylw, oedd y gwisgoedd yn dangos hynny?

Oedd y gwisgoedd o safon dechnegol uchel?
Er enghraifft, oedd yr actorion yn gallu symud yn dda yn y gwisgoedd ac oedd y newidiadau gwisgoedd yn effeithlon?

Oedd y gwisgoedd yn ennyn diddordeb y gynulleidfa?
Er enghraifft, oedden nhw'n ddeniadol neu'n aml-ddefnydd neu'n glyfar neu'n hynod addas?

Sut gwnaeth y gwisgoedd gyfrannu at greu naws ac awyrgylch?
Er enghraifft, os oedd y ddrama i fod yn gomig neu'n frawychus, oedd y gwisgoedd wedi llwyddo i ychwanegu at hynny?

Oedd y gwisgoedd yn cynorthwyo digwyddiadau'r ddrama?
Er enghraifft, os aeth cymeriad drwy newid neu os oedd yn gwneud ymddangosiad pwysig ar y llwyfan, oedd y gwisgoedd yn cefnogi hynny?

Oedd y gwisgoedd yn adlewyrchu themâu'r ddrama?
Er enghraifft, os oedd y ddrama am dlodi neu uchelgais, oedd y gwisgoedd yn cyfleu hynny?

GWERTHUSO THEATR FYW

Ymarfer dadansoddi a gwerthuso

Mae'r ddau ddarn canlynol o ymatebion tebyg i rai ymgeiswyr sy'n dadansoddi ac yn gwerthuso dyluniad gwisgoedd.

TASG 5

1. Darllenwch yr ymatebion isod a rhowch:
   - **P** wrth ochr unrhyw fanylion perfformio
   - **T** wrth ochr terminoleg gywir.
2. Nodwch unrhyw bwyntiau rydych chi'n credu eu bod nhw'n dadansoddi'r gwisgoedd (**D**) ac unrhyw bwyntiau rydych chi'n ystyried eu bod nhw'n gwerthuso (**G**).

Mae un enghraifft o bob un wedi'i gwneud i chi.

AWGRYM

Mae'r darnau hyn yn seiliedig ar brofiadau ymgeiswyr penodol o berfformiadau arbennig. Pwyntiau enghreifftiol yn unig y gallech chi eu gwneud yw'r rhain, nid atebion enghreifftiol. Hyd yn oed os gwelsoch chi'r un perfformiad, bydd eich atgof, eich nodiadau a'ch ymatebion yn wahanol. Gallai'r darnau fod yn ddefnyddiol fel man cychwyn i drafodaeth ehangach neu fel tasg o fewn y dosbarth.

A

Yn *Amadeus*, roedd y dylunydd gwisgoedd wedi cyfleu dau gyfnod, sef Wien yn y ddeunawfed ganrif a heddiw. Y ddau gynorthwyydd a'r cerddorion oedd yn cynrychioli heddiw yn bennaf – roedden nhw wedi'u gwisgo mewn dillad du cyfoes. I gyferbynnu, roedd y prif gymeriadau yn gwisgo dillad cyfnod cain. **T** Roedd gwisgoedd Salieri yn aml yn awgrymu ei gyfoeth, gan ddefnyddio ffabrigau cyfoethog fel melfed, sidan a satin, a'u llewyrch yn dal y goleuadau. Mae Salieri yn cael ei weld am y tro cyntaf fel dyn hŷn mewn gwisg porffor tywyll ac aur, gyda choler a chyffiau wedi'u cwiltio. Pan mae'n dod yn ifanc yn sydyn, mae wig cyfnod yn cael ei ychwanegu. Mae cymeriadau eraill â wigiau'n ymddangos, gan ddangos ein bod ni'n mynd yn ôl yng nghof Salieri. Mae ei wisg 'iau' yn cynnwys cot ffrog (*frock coat*) werdd, gwasgod, coler les wen a botymau aur, brodwaith ac addurniadau. **P** Mae'n gwisgo sanau gwyn ac esgidiau â sodlau wedi'u haddurno â dolennau. Mae'n creu effaith bendant fel rhywun o'r llys sy'n benderfynol o greu argraff. **D** Hefyd, efallai fod lliw gwyrdd ei got ffrog yn awgrymu'r eiddigedd y mae'n ei fynegi yn y ddrama. Mae defnyddio gwisgoedd fel hyn yn helpu'r actor mewn ffordd glyfar i weddnewid o fod yn hen ŵr sy'n marw i fod yn gerddor ifanc uchelgeisiol. **G**

Mae gwisgoedd Mozart hefyd yn awgrymu sawl agwedd ar ei gymeriad. Mae palet pastel o binc a melyn yn awgrymu ei natur ifanc, chwareus. Yn lle esgidiau llys nodweddiadol o'r ddeunawfed ganrif, mae'n gwisgo esgidiau steil Doc Marten mewn lledr pinc meddal – cyffyrddiad modern ac **anacronistig** sy'n ei gysylltu â gwrthryfelwyr cyfnod mwy diweddar. Fodd bynnag, ar ddiwedd y ddrama, pan mae Salieri wedi dinistrio ei sefyllfa ariannol ac yn marw, mae cyflwr dillad Mozart yn cynrychioli pa mor bell mae wedi syrthio. Maen nhw'n anniben a blêr, wedi'u treulio a'u staenio, ac maen nhw'n cyfrannu at y trueni y mae'r gynulleidfa yn ei deimlo adeg ei farwolaeth. Mae ei wallt a'i wisgoedd gwelw yn rhoi effaith angylaidd iddo, bron, sy'n gweithio'n well gyda'r Requiem sy'n cael ei chwarae.

▲ *Lucian Msamati (Salieri) ac Adam Gillen (Mozart) o gynhyrchiad* Amadeus

Yn *Approaching Empty*, mae'r gwisgoedd i gyd yn hynod naturiolaidd. Maen nhw'n debyg i'r rhai y byddai'n bosibl eu gweld mewn unrhyw leoliad trefol yn y DU, bron, ar ddechrau'r unfed ganrif ar hugain. Mae'r dillad yn addas i dywydd Prydain: mae'r cymeriadau yn aml yn gwisgo siacedi, siwmperi neu gotiau. Pan ddaw ar y llwyfan, mae Sameena, y gyrrwr ifanc, yn gwisgo dillad cynnes ac ymarferol ar gyfer ei swydd: siaced wrth-ddŵr borffor hyd ei chluniau, trowsus du a bŵts pigwrn du gwastad. Mae'r ffabrigau yn ymddangos yn rhai gwneud yn bennaf, fel polyester. Mae ei gwallt wedi'i dynnu i fyny mewn cynffon syml, uchel. Hefyd mae awgrymiadau bach bod ganddi ddiddordeb mewn sut mae'n edrych. Mae ganddi gysgod llygaid tywyll. O dan ei siaced, mae'n gwisgo top pinc wedi'i wau gyda thri botwm ar ei wddf isel. Mewn golygfa ddiweddarach, mae hi'n newid i grys T oren ac esgidiau ymarfer. Mae ei gwisgoedd yn awgrymu nad oes ganddi lawer o arian i'w wario ar ddillad, ond mae hi'n drwsiadus a dydy hi ddim yn ofni gwisgo lliwiau llachar.

Mae Mansha, ei bòs, yn gwisgo mewn ffordd fwy anhysbys: cardigan rad o liw golau gyda chrys golau oddi tani, ac esgidiau heb gareiau. Mae ganddo sbectol ymyl weiren. Mae Mansha yn gwisgo dillad golau cyfforddus, ond mae Raf yn gwisgo dillad tywyllach, mwy pwrpasol, gan gynnwys cot dywyll. Efallai fod y cod lliw golau/tywyll hwn yn awgrymu'r gwahaniaethau rhwng y ddau a oedd yn arfer bod yn ffrindiau gorau. Does dim byd yng ngolwg Mansha yn awgrymu mwy nag ymagwedd ymarferol at ei ddillad ac mae'n dangos sut mae wedi setlo i mewn i fod yn ganol oed. Mae effaith wahanol yn cael ei chreu pan mae brawd drwg Sameena yn ymddangos. Mewn cot a throwsus tywyll sy'n edrych yn smart ac yn ei ffitio'n dda, mae'n gwisgo cadwyn aur, gan awgrymu ei gyfoeth o'i fusnes anghyfreithlon. Mae ei wallt byr, ei farf a'i wên ffug yn ychwanegu at yr effaith fygythiol. Mae'n gwbl amlwg i ni ei fod yn ffigur brawychus.

TASG 6

1. Dewiswch wisg o ddrama rydych chi wedi'i gweld ac atebwch y cwestiwn canlynol:

   > Dadansoddwch a gwerthuswch un wisg yn y cynhyrchiad ac esboniwch sut mae'n cefnogi'r gynulleidfa i ddeall y cymeriad.

2. Yna anodwch eich ateb yn yr un ffordd â'r atebion uchod am fanylion, terminoleg, dadansoddi a gwerthuso.

AWGRYM

Gall eich ymatebion penodol chi i'r gwisgoedd fod yn rhan o'r gwerthusiad. Efallai mai chi'n unig sy'n ymateb fel hyn, ond dylai eich gwerthusiad fod yn seiliedig ar eich profiad fel aelod ystyriol, gwybodus o'r gynulleidfa.

TASG 7

Dewiswch un o'r cwestiynau isod a gwnewch gynllun manwl ar gyfer sut byddech chi'n ei ateb:

a. Gwerthuswch sut roedd y dyluniad gwisgoedd yn cefnogi genre neu arddull y cynhyrchiad, a'r effaith a gafodd y dyluniad gwisgoedd arnoch chi fel aelod o'r gynulleidfa.

b. Disgrifiwch sut defnyddiodd y dylunydd gwisgoedd un wisg i gyfrannu at ystyr a themâu'r ddrama. Dadansoddwch a gwerthuswch pa mor llwyddiannus oedd y dylunydd wrth gyfleu ystyr i'r gynulleidfa.

AWGRYM

Gallwch chi ddefnyddio'r acronym MDTG i wirio eich gwaith:

Manylion
Dadansoddi
Terminoleg
Gwerthuso.

▶ I gael rhagor o wybodaeth ar sut i greu cynlluniau, ewch i dudalennau 66–67 y llyfr hwn.

PENNOD 6 | DADANSODDI A GWERTHUSO GOLEUO

Mae goleuo yn gallu cael effaith sylweddol ar brofiad cynulleidfa mewn drama. Mae dylunio goleuo yn cynnwys dewis y mathau o oleuadau a'u dwysedd, eu honglau a'u lliw, yn ogystal â phenderfynu sut bydd y goleuo yn cyfrannu at arddull ac ystyr y ddrama. Mae'n gallu cynnwys elfennau fel **trawsnewidiadau** ac effeithiau arbennig.

Arddulliau goleuo

Wrth ystyried y goleuo i ddechrau, meddyliwch am yr effeithiau sy'n cael eu creu a'r math o ddyluniad goleuo yw hwn. Er enghraifft, gallai fod yn:

naturiolaidd   **arddulliedig**   **minimalaidd**   **cyfuniad o fathau o oleuo**

Bydd genre ac arddull y cynhyrchiad yn dylanwadu ar y math o oleuo sy'n cael ei ddefnyddio. Dyma rai o nodweddion allweddol pob math.

Goleuo naturiolaidd

Bydd gan y goleuo hwn fanylion realistig ac efallai bydd y dyluniad yn ail-greu goleuo lle neu gyfnod penodol yn gywir. Er enghraifft, efallai bydd drama sydd wedi'i gosod mewn tŷ yn yr 1950au yn defnyddio **goleuadau ymarferol** fel lampau llawr neu lampau bwrdd o'r 1950au, a bydd yr actorion yn rhoi'r argraff eu bod yn eu cynnau neu'n eu diffodd. Efallai bydd drama sydd wedi'i gosod mewn ffatri yn defnyddio **goleuadau stribed** fflwrolau er mwyn copïo goleuo llachar y lleoliad hwnnw. Efallai bydd rhai dramâu cyfnod yn defnyddio canhwyllau go iawn neu esgus, neu lusernau o'r cyfnod.

Bydd goleuadau theatraidd yn cael eu defnyddio i gyfleu'r golau sydd ar gael ar adeg benodol o'r dydd, yn ystod tymor penodol neu yn lleoliad penodol yr olygfa. Er enghraifft, efallai bydd y dylunydd goleuo yn ystyried yr ongl a'r math o olau a fyddai'n arllwys drwy ffenestr gan awgrymu haul y bore neu awyr olau leuad.

Goleuo arddulliedig

Mae gan y goleuo hwn nodweddion wedi'u gorwneud neu nodweddion annaturiolaidd. Er enghraifft, efallai bydd **sbotolau dilyn** yn ynysu ac yn amlygu canwr neu gantores, neu gallai **geliau** coch awgrymu thema trais. Efallai bydd effeithiau arbennig fel **strobau** yn creu effeithiau wedi'u dwysáu. Efallai bydd y dylunydd yn penderfynu defnyddio goleuo mewn ffordd haniaethol, er enghraifft drwy ddefnyddio **gobos** sy'n troelli i awgrymu dryswch cymeriad neu sgwariau o liw sydd wedi'u diffinio'n ofalus i ddangos bod cymeriad yn y carchar.

Goleuo minimalaidd

Dydy'r math hwn o oleuo ddim yn defnyddio llawer o offer technegol. Efallai fod rhai **llusernau** yn cael eu defnyddio ac, mewn rhai achosion, bydd yr actorion yn cynnau ac yn diffodd y goleuadau eu hunain. Hefyd, efallai bydd actorion yn defnyddio tortshis neu ddyfeisiau goleuo bach eraill. Mae arddull finimalaidd yn gysylltiedig yn aml â chynyrchiadau neu sioeau ar raddfa fach heb gyllideb fawr, neu â sioeau lle mae'r ffocws i gyd ar yr actorion a'r adrodd stori yn hytrach nag ar ryfeddod.

▲ Goleuadau stribed lliw mewn drama wedi'i dyfeisio gan fyfyrwyr.

PENNOD 6 DADANSODDI A GWERTHUSO GOLEUO

Cyfuniad

Mae rhai dylunwyr yn dewis cyfuno elfennau o ddau fath neu ragor o ddyluniadau goleuo.

TASG 1

1. Edrychwch ar y ffotograffau isod a phenderfynwch pa fath o oleuo sy'n cael ei ddefnyddio ym mhob un.
2. Dewiswch un o'r dyluniadau goleuo a disgrifiwch ef mor fanwl ag y gallwch chi. Ysgrifennwch am:
   - liwiau a dwysedd y goleuadau
   - safle'r goleuadau (i fyny'r llwyfan, i lawr y llwyfan …) a'r onglau (uchel, isel, lletraws, ochr …)
   - yr offer sy'n debygol o gael eu defnyddio i greu'r effeithiau hyn
   - effeithiau arbennig, fel gobos neu **beiriant mwg**
   - nodweddion nodedig eraill, fel cysgodion neu ffocysu anarferol.

AWGRYM

Ystyriwch beth yw maint a chyllideb y cynhyrchiad rydych chi wedi'i weld. Bydd cynhyrchiad mewn stiwdio fach yn gofyn am oleuo gwahanol iawn i sioe gerdd fawr fel *Wicked*. Defnyddiodd Kenneth Posner, dylunydd goleuo gwreiddiol *Wicked*, dros 800 o oleuadau unigol yn y sioe.

▲ Ghost

▲ Rhinoseros

▲ Branwen

▲ Pink Mist

GWERTHUSO THEATR FYW

Terminoleg drama: goleuo

Er mwyn ysgrifennu'n gywir am ddylunio goleuo, mae angen i chi ddeall y derminoleg gywir. Dyma rai geiriau defnyddiol i'ch helpu chi i ddisgrifio ac i ddadansoddi'r hyn rydych chi wedi'i weld.

RIG GOLEUO

Y strwythur sy'n dal y cyfarpar goleuo yn y theatr.

SBOTOLAU

Lamp sy'n taflunio golau llachar ar ardal o'r llwyfan, fel arfer mae'n rhoi ffocws ar berfformiwr.

SBOTOLAU DILYN

Lamp sy'n taflunio golau llachar ar ardal o'r llwyfan, fel arfer mae'n 'dilyn' perfformiwr.

PLOT GOLEUO

Mae'n debyg i gynllun pensaernïol sy'n dangos lle bydd y goleuadau yn hongian. Bydd yn nodi safle goleuadau, y math o osodyn goleuo sydd ei angen, a lliwiau'r geliau.

GOLEUADAU TŶ

Y goleuadau yn yr awditoriwm sydd fel arfer wedi'u goleuo pan fydd y gynulleidfa yn mynd i'w seddi. Maen nhw'n cael eu pylu pan fydd y perfformiad ar fin dechrau.

LLUSERN

Lamp ac adlewyrchydd mewn bocs sy'n cynhyrchu goleuo. Mae mathau gwahanol o lusernau, fel proffil, ffresnel a llif.

PEIRIANT MWG, NIWL NEU DARTH

Darn o gyfarpar sy'n defnyddio nwy i gynhyrchu cymylau neu niwlenni.

GOLCH O OLAU

Golau sy'n gorchuddio'r llwyfan cyfan neu ardal fawr ohono.

GOLEUADAU LED

Goleuadau pwerus a lliwgar. Does dim angen geliau arnyn nhw, ac maen nhw'n defnyddio ynni'n effeithlon.

GOLEUADAU LLETRAWS

Goleuadau sy'n cael eu taflunio i lawr ar ongl tua 45 gradd.

GOLEUADAU'R GODRE

Goleuadau isel sydd wedi'u gosod ar ochr i lawr y llwyfan. Yn boblogaidd yn theatrau oes Victoria, maen nhw weithiau'n cael eu defnyddio nawr i greu effeithiau goleuo cyfnod.

TASG 2

Ysgrifennwch ddisgrifiad o ddyluniad goleuo rydych chi wedi'i weld. Defnyddiwch o leiaf 5 o'r termau sydd wedi'u rhoi yma.

GOLAU TUAG I LAWR NEU OLAU BRIG
Golau sy'n dod yn uniongyrchol o uwchben.

STRÔB
Dyfais goleuo sy'n rhoi fflachiadau llachar, byr o olau llachar.

HIDLYDD NEU GEL
Darn o blastig lliw sy'n cael ei roi ar lusern er mwyn ychwanegu lliw i'r golau.

GOBO
Darn o fetel, gwydr neu blastig wedi'i dorri allan a'i atodi wrth lusern i daflunio patrymau, fel dail, sêr, tonnau neu batrymau chwyrlïog.

BLACOWT
Diffodd y goleuadau llwyfan i gyd. Mae hyn yn gallu bod yn sydyn neu'n raddol.

AMSERU'R CIW
Yr amser mae'n ei gymryd ar gyfer newid goleuo, er enghraifft, faint i gyfrif cyn i blacowt ddigwydd neu pa mor hir mae croesbylu yn ei gymryd.

GOLEUADAU YMARFEROL
Goleuadau sy'n gweithio ar y llwyfan i'w defnyddio yn y set, fel lampau desg, tortshis neu ganhwyllau.

PYROTECHNEG
Effeithiau arbennig sy'n creu effaith ddramatig, fel tân gwyllt, ffrwydradau neu fflachiadau.

GOLEUO O'R CEFN
Golau sy'n cael ei daflu o ffynhonnell i fyny'r llwyfan. Mae'n amlygu amlinell actorion neu olygfa ac yn eu gwahanu nhw oddi wrth y cefndir.

PYLU A CHODI GOLEUADAU
Graddol bylu neu raddol godi/cryfhau goleuadau.

GOLEUADAU LLAWR
Llusernau wedi'u gosod ar standiau isel, sy'n cael eu defnyddio'n aml i fwrw cysgodion.

GOLAU SYMUDOL
Naill ai gosodyn goleuo y mae rhywun yn ei symud â llaw neu osodyn wedi'i weithio gan gyfrifiadur sy'n cael ei symud o bell.

Mae fersiwn ar gael i'w lawrlwytho ar wefan Hachette Learning.

GWERTHUSO THEATR FYW

AWGRYM

Os gallwch chi, dewch o hyd i ffotograffau o'r cynhyrchiad i'ch atgoffa eich hun o elfennau allweddol y goleuo.

Gwnewch nodiadau ychwanegol ar y cynhyrchiad rydych chi wedi'i weld

Defnyddiwch y map meddwl isod i wneud nodiadau ar y sioe rydych chi wedi'i gweld. Awgrymiadau i'ch helpu chi sydd yma, ond fyddan nhw ddim yn cynnwys pob nodwedd.

Mae'n debygol y bydd hi'n ddefnyddiol i chi wneud braslun o'r llwyfan ar bob eiliad allweddol y goleuo.

Yn ddelfrydol, gwnewch eich nodiadau cyn gynted ag y gallwch chi ar ôl gweld y ddrama.

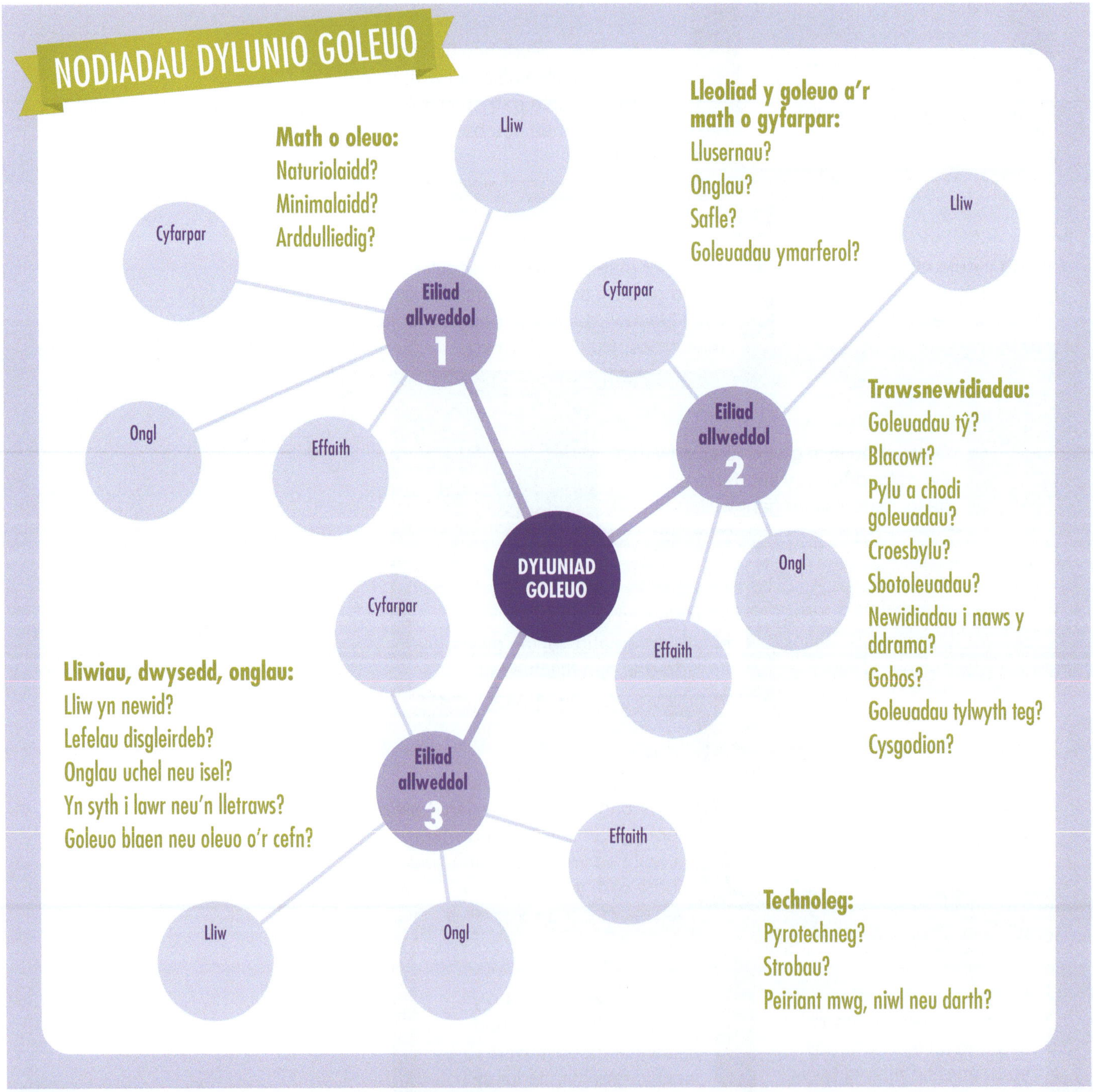

NODIADAU DYLUNIO GOLEUO

Math o oleuo:
Naturiolaidd?
Minimalaidd?
Arddulliedig?

Lleoliad y goleuo a'r math o gyfarpar:
Llusernau?
Onglau?
Safle?
Goleuadau ymarferol?

Trawsnewidiadau:
Goleuadau tŷ?
Blacowt?
Pylu a chodi goleuadau?
Croesbylu?
Sbotoleuadau?
Newidiadau i naws y ddrama?
Gobos?
Goleuadau tylwyth teg?
Cysgodion?

Lliwiau, dwysedd, onglau:
Lliw yn newid?
Lefelau disgleirdeb?
Onglau uchel neu isel?
Yn syth i lawr neu'n lletraws?
Goleuo blaen neu oleuo o'r cefn?

Technoleg:
Pyrotechneg?
Strobau?
Peiriant mwg, niwl neu darth?

Eiliad allweddol 1 — Cyfarpar, Ongl, Effaith, Lliw
Eiliad allweddol 2 — Cyfarpar, Ongl, Effaith, Lliw
Eiliad allweddol 3 — Cyfarpar, Ongl, Effaith, Lliw

DYLUNIAD GOLEUO

Efallai byddwch chi eisiau argraffu mwy nag un o'r taflenni hyn i ddadansoddi eiliadau gwahanol.

Sut mae'r goleuo yn cael ei ddefnyddio?

Wrth i chi wylio'r ddrama, ystyriwch y ffyrdd gwahanol y mae'r goleuo yn cyfrannu at naws y ddrama a digwyddiadau'r ddrama. Er enghraifft:

- Ydy'r llwyfan cyfan wedi'i oleuo, neu rannau ohono'n unig?
- Oes unrhyw rannau o'r llwyfan wedi'u gadael yn dywyll yn fwriadol?
- Oes unrhyw actorion wedi'u goleuo mewn ffordd benodol (lliwiau, sbotoleuadau dilyn, ac yn y blaen)?
- Ydy'r goleuo yn pennu cyfnod neu dymor penodol?
- Sut mae'r goleuo yn cael ei ddefnyddio mewn eiliadau allweddol fel cymeriadau yn dod ar y llwyfan a mynd oddi arno, golygfeydd llawn tensiwn, gwrthdaro, rhamant ac ati?
- Sut mae'r goleuo yn cefnogi ystyr y ddrama a chysyniad y cyfarwyddwr ohoni?
- Oes unrhyw effeithiau arbennig?

Effeithiau goleuo

Mae llawer o ddramâu yn defnyddio goleuo i greu effaith arbennig neu i gadarnhau thema drama. Mae'r goleuadau tylwyth teg a'r **goleuadau LED** gwyrdd sy'n cael eu defnyddio yn *Wicked* yn creu dinas ffantasi yr Emerald City i'r gynulleidfa. Mae'r **goleuo o'r cefn** yn *Coriolanus* pan mae Coriolanus yn cael cawod, yn pwysleisio effaith y dŵr ar ei glwyfau a'i boen, yn ogystal â chreu effaith hardd gyda'r dŵr yn tasgu'n dryleu (*translucent*). Yn y sioe gerdd *Six*, am wragedd Harri VIII, mae gan bob brenhines ei siâp ei hun ar y wal gefn wedi'i gwneud o oleuadau LED i bwysleisio pwy yw hi.

TASG 3

1. Meddyliwch yn ôl am ddrama rydych chi wedi'i gweld a'r ffyrdd pwysig y cafodd y goleuadau eu defnyddio i gadarnhau thema neu i gefnogi'r ystyr.
2. Ysgrifennwch baragraff sy'n esbonio effaith defnyddio'r goleuo fel hyn. Er enghraifft:

AWGRYM

Efallai na fyddwch chi'n gallu nodi pa gyfarpar goleuo yn union sy'n cael eu defnyddio mewn cynhyrchiad, ond mae'n bosibl y gwelwch chi onglau a lleoliadau goleuadau. Er enghraifft, mae goleuadau blaen yn gwneud i ddelwedd fod yn weladwy, ond heb oleuadau eraill, maen nhw'n gallu gwneud iddi edrych yn wastad. Mae goleuadau ochr neu **oleuadau lletraws** yn gallu ychwanegu rhagor o siâp ar gyfer effaith mwy tri dimensiwn neu gerfluniol, ac mae goleuo o'r cefn yn dda er mwyn pwysleisio amlinell neu silwét.

> Yn y cynhyrchiad hwn, sy'n dangos ochr dywyllach bywyd mewn ysgol uwchradd yn America, penderfynodd y dylunydd goleuo ddefnyddio **golch o olau** LED llachar, glân a lliwgar ar gyfer y golygfeydd hapusach. Er mwyn pwysleisio'r lleoliad mewn ysgol ymhellach, roedd LEDs, ar ffurf goleuadau stribed fflwrolau hen ffasiwn, wedi'u hongian o nenfwd y set. Ar gyfer y prom, roedd gobos symudol yn creu effaith pelen ddisgo. Yn yr adrannau cyferbyniol lle roedd y cymeriad yn annerch y gynulleidfa yn uniongyrchol, roedd sbotolau yn bwrw patrwm cylch gwyn caled o'i gwmpas. Wrth iddo siarad, roedd gweddill y llwyfan mewn cysgod, gyda geliau glas yn creu teimlad bygythiol. Mae'r cyfuniad o oleuadau llachar yr ysgol uwchradd â'r adrannau tywyllach lle defnyddir **dull uniongyrchol o gyfarch** yn cyfleu dwy ochr bywyd ysgol uwchradd.

THEATR AR WAITH

Cafodd y dylunydd goleuo Prema Mehta ei chyfweld gan Kate Wyver yn *The Stage* am ei gwaith yn Theatr Sam Wanamaker. Canhwyllau a dulliau eraill heb drydan yw'r rhan fwyaf o'r goleuo yno er mwyn cadarnhau'r lleoliad cyfnod:

Mae Mehta yn defnyddio pob un o gandelabra Theatr Sam Wanamaker ar gyfer *Swive*. Mae'r chwech ohonyn nhw'n cael eu tynnu i fyny ac i lawr, gan droelli fel siglen (*swing*) sy'n dadwneud pan fyddan nhw'n cael eu diffodd neu eu hailgynnau. Mewn un olygfa, mae'r candelabra yn cael eu gostwng i uchder pen wrth i Elizabeth a Dudley gerdded rhyngddyn nhw. 'Roedd yr agosatrwydd hwnnw o edrych ar ei gilydd drwy'r canhwyllau yn drawiadol iawn i mi,' medd Mehta. 'Roedd y coreograffi'n hardd.' Hefyd mae chwe **murganhwyllbren** (*sconce* – canhwyllbren yn sownd wrth wal) wrth ochr pileri'r theatr. Mae'r canhwyllau hyn yn cael eu **diffodd** a'u hailgynnau gan reolwyr llwyfan mewn cyflau (*hoods*) yn cerdded yn dawel.

▲ Nina Cassells fel y Dywysoges Elizabeth ifanc yn *Swive*.

TASG 4

Yn y dyfyniad uchod, mae Wyver yn trafod trawsnewidiadau goleuo (codi a gostwng candelabra; rheolwyr llwyfan yn cynnau ac yn diffodd canhwyllau). Allwch chi feddwl am unrhyw drawsnewidiadau goleuo nodedig, fel **blacowt**, **pylu a chodi goleuadau**, neu **groesbylu**, yn y cynhyrchiad a weloch chi? Esboniwch sut mae'r trawsnewidiadau yn helpu'r gynulleidfa i ddeall beth sy'n digwydd yn y ddrama.

 THEATR AR WAITH

Mewn cyfweliad yn *City Theatrical*, soniodd Tim Deiling, dylunydd y sioe gerdd *Six*, ei fod yn gwneud ei orau i weithio dros y darn mae'n ei ddylunio. Does dim llawer o ddiddordeb gan Deiling mewn realaeth mewn theatr. Yn hytrach, mae theatr dda yn **fynegiadol** (*expressionistic*) bob amser yn ôl Deiling. Mae'n llawn cyferbyniadau ac mae realiti wedi'i ddwysáu er mwyn cyfleu pwynt. Mae dyluniadau goleuo Deiling yn ceisio adlewyrchu hynny bob amser, lle mae'n briodol. Mae hyn yn wahanol i rai dylunwyr eraill sydd ag **estheteg** unigol trawiadol sy'n gweithio'n arbennig o dda. Byddwch chi bob amser yn gallu adnabod pa un yw eu sioe nhw allan o nifer o sioeau. Fodd bynnag, yn ôl Deiling, mae perygl wedyn bydd angen i'r sioe fod yn addas i'r dylunydd, ac nid y ffordd arall. Felly, mae Deiling yn parchu mwyaf y dylunwyr sy'n gallu gwneud pethau amrywiol, gan fynd o ddylunio sioe gerdd fawr i ddylunio drama gyfoes neu opera. Mae angen rhoi anghenion ymarferol y ddrama cyn uchelgais y dylunydd, gan roi gwerth am arian i'r cwsmeriaid ar yr un pryd, yn ôl Deiling.

 AWGRYM

Un peth mae angen i'r dylunydd goleuo ei wneud yw helpu i hoelio sylw'r gynulleidfa ar gymeriad neu ar ran o'r llwyfan. Mae'n bosibl gwneud hyn mewn sawl ffordd, gan gynnwys defnyddio sbotoleuadau dilyn, newidiadau o ran lliw neu bylu a chodi goleuadau. Wrth i chi gofio cynyrchiadau rydych chi wedi'u gweld, meddyliwch am eiliadau pan oedd y goleuo yn eich denu chi i edrych ar rywbeth yn arbennig.

Gwerthuso goleuo

Yn ogystal â disgrifio a dadansoddi'r goleuo, mae'n rhaid i chi farnu a oedd y goleuo yn effeithiol ac yn llwyddiannus ai peidio. Mae angen gwneud mwy na dim ond ysgrifennu ei fod 'yn dda' neu 'yn wael' neu 'yn hardd' neu 'yn hyll'. Meddyliwch am y canlynol:

Oedd y goleuo wedi llwyddo i gyflawni ei bwrpas?
Oedd yr actorion a'r set wedi'u goleuo yn briodol fel ei bod hi'n bosibl eu gweld yn ôl y bwriad? Oedd y goleuo yn helpu i gyflwyno lleoliad neu gyfnod? Oedd y ciwiau wedi digwydd pan oedden nhw i fod i wneud?

Oedd y goleuo o safon dechnegol uchel?
Er enghraifft, oedd newidiadau wedi eu gwneud yn llyfn? Oedd y blacowts yn effeithlon? Oedd amseru'r newidiadau yn ymddangos yn gywir? Oedd y goleuo yn effeithiol o fewn y gosodiadau llwyfan?

Oedd y goleuo wedi llwyddo i ymgysylltu â'r gynulleidfa ac ennyn ei diddordeb?
Er enghraifft, oedd hi'n ddeniadol neu'n aml-ddefnydd neu'n hynod addas?

Oedd y goleuo wedi cyfrannu at greu naws ac awyrgylch?
Er enghraifft, os oedd y ddrama yn gomig neu'n codi ofn neu'n rhamantus, oedd y goleuo yn cyd-fynd â hynny?

Oedd y goleuo yn eich helpu i ddeall y cymeriadau?
Oeddech chi'n gallu dilyn y prif actorion? Os oedd cartref neu wisgoedd cymeriad i fod yn foethus, oedd y goleuo yn cyfrannu at hynny?

Oedd y goleuo wedi helpu i gyfleu digwyddiadau'r ddrama?
Er enghraifft, os oedd rhywbeth hudolus i fod i ddigwydd, oedd y goleuo wedi cyflawni hynny? Os oedd eiliad bwysig pan oedd cymeriad yn dod ar y llwyfan, sut roedd y goleuo yn cefnogi hynny?

Oedd y goleuo yn cadarnhau themâu'r ddrama?
Er enghraifft, os oedd y ddrama am drais, hud a lledrith, tlodi neu gariad, oedd y goleuo wedi cyfleu hynny?

GWERTHUSO THEATR FYW

AWGRYM

Mae'r darnau hyn yn seiliedig ar brofiadau ymgeiswyr penodol o berfformiadau arbennig. Pwyntiau enghreifftiol yn unig y gallech chi eu gwneud yw'r rhain, nid atebion enghreifftiol. Hyd yn oed os gwelsoch chi'r un perfformiad, bydd eich atgof, eich nodiadau a'ch ymatebion yn wahanol. Gallai'r darnau fod yn ddefnyddiol fel man cychwyn i drafodaeth ehangach neu fel tasg o fewn y dosbarth.

Ymarfer dadansoddi a gwerthuso

Mae'r ddau ddarn canlynol yn dod o ymatebion tebyg i rai ymgeiswyr sy'n dadansoddi ac yn gwerthuso dyluniad goleuo.

TASG 5

1. Darllenwch yr ymatebion isod a rhowch:
   - **P** wrth ochr unrhyw fanylion perfformio
   - **T** wrth ochr terminoleg gywir.
2. Nodwch unrhyw bwyntiau rydych chi'n credu eu bod nhw'n dadansoddi'r goleuo (**D**) ac unrhyw bwyntiau rydych chi'n ystyried eu bod nhw'n gwerthuso (**G**).

   Mae un enghraifft o bob un wedi'i gwneud i chi.

A

Yn glyfar, mae Paule Constable wedi **G** defnyddio ei dyluniad goleuo i ail-greu sut mae ymennydd Christopher yn gweithio yn *The Curious Incident of the Dog in the Night-Time*. Mae'r goleuo arddulliedig yn newid yn barhaus, ac yn gyflym. Gwyn ac arlliwiau glas yw'r lliwiau yn bennaf, **P** gan awgrymu rhywfaint o oerni a rheolaeth. **D** Mae Christopher yn cael ei weld yn aml mewn sbotolau **T** crwn gwyn, sy'n hoelio sylw'r gynulleidfa arno fel prif gymeriad y ddrama ac sy'n awgrymu ei fod yn teimlo ar wahân i bobl eraill.

Yn yr olygfa brysur yn yr orsaf drenau, mae'r goleuadau'n symud drwy'r amser. Mae tafluniadau gyda geiriau arnyn nhw'n rholio ar hyd y llawr, gan awgrymu'r gorlwytho synhwyraidd y mae'r lleoliad anghyfarwydd yn ei achosi. Wrth iddo deithio, mae Christopher wedi'i oleuo bob amser, ond mae aelodau o'r ensemble yn y cysgodion yn aml. Mae hyn yn arbennig o amlwg pan mae Christopher yn cael ei godi gan yr ensemble, gan edrych fel petai'n hofran uwch eu pennau, sy'n creu delwedd hardd a theimladwy.

Pan fydd Christopher yn datrys problemau, mae'r goleuadau'n cadarnhau hyn. Ar un adeg, sylwais y byddai bocs yn goleuo a byddai Christopher yn mynd ato. Roedd hyn yn dangos ei fod yn teithio o un syniad i'r llall. Ar adeg arall, roedd goleuadau coch yma ac acw ar grid y llwyfan, yn adlewyrchu gallu mathemategol Christopher a sut mae ei ymennydd yn gwneud cysylltiadau'n gyflym.

Roedd fy hoff ddefnydd o oleuo yng ngolygfa'r llythyr, pan mae goleuadau ongl isel yn goleuo'r llythyrau y mae Christopher a'r ensemble yn eu dal. Hefyd, mae gan Christopher dortsh ymarferol yn ei geg sy'n goleuo'r llythyr yn ei law. Mae hyn yn creu **tableau** anarferol, gan hoelio sylw'r gynulleidfa ar y ffaith bwysig iawn bod Christopher yn darganfod bod ei fam wedi bod yn ysgrifennu ato.

B

Mae goleuo *Amadeus* yn cefnogi natur theatraidd y ddrama. Mae dau lwyfan i'w weld – y llwyfan go iawn ac yna, i fyny'r llwyfan, gofod eilaidd lle mae rhai o'r perfformiadau opera yn digwydd. Mae **goleuadau'r godre** wedi'u trefnu o gwmpas ymyl y prif lwyfan. Ar y llwyfan uchaf, mae goleuadau'r godre ar ffurf gwyntyll sy'n edrych yn hen ffasiwn **P** – mae hyn yn creu ymdeimlad o lwyfan cyfnod. **D**

Defnydd arall theatraidd iawn yw goleuo o'r cefn i'r ysbryd o *Don Giovanni*. **T** Mae'r effaith arallfydol hon yn cael ei dwysáu drwy ddefnyddio peiriant mwg. Mae geliau lliw pwysig yn creu arlliwiau euraidd. Maen nhw'n pwysleisio cyfoeth ffabrigau'r gwisgoedd. Hefyd, mae arlliwiau glas yn dangos ochr dywyllach atgofion Salieri. Mae'r rhain hefyd yn llwyddo i arwain y gynulleidfa i ddeall sut mae amser yn neidio yn y ddrama. **G**

Tua diwedd y ddrama, mae natur theatraidd arddulliedig y goleuadau yn pwysleisio cwymp Salieri a llwyddiant Mozart yn y pen draw. Salieri yn unig sy'n cael ei oleuo o'r blaen ac o'r ochr, ond o'i gwmpas mae cerddorion sy'n gwisgo dillad du, wedi'u goleuo o'r cefn, ac mae conffeti aur yn disgyn arnyn nhw. Mae hyn yn gwneud i Salieri ymddangos fel petai'n 'sefyll allan' oddi wrth y lleill. Maen nhw yn y cysgodion yn rhannol a dydyn nhw ddim yn ymddangos yn unigolion, gyda'r ffocws felly ar Salieri, yn briodol. O dair ochr, mae setiau o oleuadau lletraws haenog yn disgleirio ar Salieri fel petaen nhw'n ei goncro. Ar ôl ei linellau olaf, mae'r goleuadau'n graddol bylu i blacowt, gan adael y gynulleidfa i ystyried sut mae eiddigedd Salieri wedi arwain at fywyd sydd wedi'i wastraffu yn y pen draw.

AWGRYM

Un maes allweddol lle gallai dylunied goleuo gael ei feirniadu yw amseru ciwiau gwael. Ystyriwch petai blacowt yn digwydd yn rhy gyflym neu petai pylu a chodi goleuadau wedi cymryd gormod o amser. Oedd amseru a rhythm y ciwiau'n cefnogi digwyddiadau a naws y ddrama?

TASG 6

1. Dewiswch ddyluniad goleuo o ddrama rydych chi wedi'i gweld ac atebwch y cwestiwn canlynol:

   > Dadansoddwch a gwerthuswch ddwy eiliad allweddol o'r dyluniad goleuo yn y cynhyrchiad ac esboniwch sut mae'n creu naws ac awyrgylch i'r gynulleidfa.

2. Yna anodwch eich ateb yn yr un ffordd â'r atebion uchod am fanylion, terminoleg, dadansoddi a gwerthuso.

TASG 7

Dewiswch un o'r cwestiynau isod a gwnewch gynllun manwl ar gyfer sut byddech chi'n ei ateb:

a. Disgrifiwch sut cafodd goleuo ei ddefnyddio i gefnogi arddull y cynhyrchiad. Dadansoddwch a gwerthuswch pa mor llwyddiannus oedd y dyluniad goleuo wrth helpu i gyfleu'r arddull i'r gynulleidfa.

b. Dadansoddwch a gwerthuswch y defnydd o oleuo mewn dwy eiliad allweddol er mwyn cyfleu ystyr i'r gynulleidfa.

c. Dadansoddwch a gwerthuswch sut roedd elfennau gweledol y cynhyrchiad, gan gynnwys y goleuo, yn cefnogi'r hyn sy'n digwydd yn y ddrama.

AWGRYM

Gallwch chi ddefnyddio'r acronym MDTG i wirio eich gwaith:

Manylion
Dadansoddi
Terminoleg
Gwerthuso.

▶ I gael cyngor ar sut i greu cynlluniau, ewch i dudalennau 66–67 y llyfr hwn.

PENNOD 7
DADANSODDI A GWERTHUSO SAIN

Mae dyluniad sain yn elfen bwysig o'r cynhyrchiad theatraidd, ond mae'n gallu bod yn un o'r elfennau mwyaf heriol i ysgrifennu amdani. Mae dyluniad sain yn cynnwys unrhyw effeithiau sain neu gerddoriaeth sydd i'w clywed ar y llwyfan. Yn aml mae'r effeithiau yn gynnil ac, er eu bod nhw'n dylanwadu ar aelodau'r gynulleidfa, mae'n gallu bod yn anodd esbonio pam mae hynny'n digwydd.

Mae llawer o wneuthurwyr theatr yn teimlo y dylai'r dyluniad sain gefnogi'r sioe yn hytrach na thynnu sylw ato'i hun. Yn ôl un dylunydd sain, 'Os ydych chi'n dod allan o ddrama yn gwneud sylwadau am y dyluniad sain, dwi wedi'i chael hi'n anghywir.' Ar y llaw arall, mae rhai dyluniadau sain yn tynnu sylw mawr ac efallai byddan nhw'n cynnwys cerddoriaeth wedi'i chyfansoddi'n arbennig a cherddorion ar y llwyfan.

Arddulliau sain

Bydd y mathau o ddyluniadau sain yn amrywio, gan ddibynnu ar ofynion y cynhyrchiad. Er enghraifft, gallai'r sain fod yn:

naturiolaidd   **haniaethol**   **yn seiliedig ar gerddoriaeth**   **cyfuniad o fathau gwahanol o sain**

Dyma rai o nodweddion allweddol pob math:

Sain naturiolaidd
Gallai hyn gynnwys **sain wedi'i chymell**, sef sain sydd wedi'i nodi yn y sgript, fel ergyd gwn neu gloch drws. Hefyd, gall fod seiniau realistig wedi'u cynnwys er mwyn creu lleoliad y ddrama. Er enghraifft, effeithiau sain adar yn canu a gwartheg yn brefu er mwyn pennu lleoliad gwledig, neu sŵn traffig ar gyfer golygfa drefol.

Sain haniaethol
Dydy seiniau haniaethol ddim yn realistig. Maen nhw'n gallu creu awyrgylch neu'n gallu bod yn symbolaidd. Er enghraifft, gallai dylunydd sain newid sain dŵr sy'n diferu'n araf, er mwyn awgrymu amser yn mynd heibio. Hefyd, gallai dylunydd sain addasu sain gwichian, er mwyn creu tensiwn.

Cerddoriaeth
Gall fod yn gyfansoddiad gwreiddiol neu'n gerddoriaeth sy'n bodoli'n barod. Mae rhai dylunwyr sain yn defnyddio **motiff** cerddorol ar gyfer cymeriadau neu leoliadau penodol. Efallai bydd cerddorion yn perfformio'r gerddoriaeth ar y llwyfan neu oddi arno, neu efallai bydd wedi'i recordio ac yn cael ei chwarae'n ôl.

Cyfuniad
Yn aml, bydd cynyrchiadau yn defnyddio cyfuniad o gerddoriaeth ac effeithiau sain. Efallai bydd rhywfaint o gerddoriaeth wedi'i recordio hyd yn oed, yn ogystal â rhywfaint wedi'i chwarae'n fyw ar y llwyfan.

▲ Cerddorion yn y 'pydew' (pit), wrth i'r gerddorfa baratoi ar gyfer cynhyrchiad o'r sioe gerdd Cabaret.

TASG 1

Darllenwch y disgrifiadau o ddyluniadau sain gwahanol isod a phenderfynwch pa fathau o sain ydyn nhw.

 Mae'r ddrama wedi'i gosod mewn stiwdio recordio yng nghanol yr ugeinfed ganrif. Canodd y brif actores gân blues adnabyddus gan ddefnyddio microffon, ac roedd triawd o gerddorion yn chwarae y tu ôl iddi.

 Ar y naill ochr, roedd bwrdd yn llawn propiau. Cymerodd yr actorion eu tro i gynnig effeithiau sain fyw, gan gynnwys sain carnau ceffyl a oedd wedi'i chreu drwy fwrw dwy gneuen goco yn erbyn ei gilydd.

 Roedd caneuon pop o'r 1990au yn chwarae yng ngolygfa'r prom.

 Er mwyn creu awyrgylch swyddfa bapur newydd brysur yn yr 1940au, roedd ffonau'n canu a theipiaduron yn clecian.

 Bob tro roedd Felicity yn ymddangos, roedd motiff telynegol o gerddoriaeth biano yn gyfeiliant iddi.

 Er mwyn dangos cyflwr meddyliol yr arwres pan oedd hi'n drist, clywyd sŵn mwmian cryf.

 Atebodd y forwyn y ffôn pan ganodd.

 I greu awyrgylch brawychus, roedd sain wedi'i recordio o fenyw'n chwerthin. Roedd y sain wedi'i thrin ag effaith datsain fel ei bod yn atseinio'n fygythiol.

TASG 2

Ystyriwch un neu ddwy o eiliadau dylunio sain o gynhyrchiad rydych chi wedi'i weld ac ysgrifennwch ychydig o frawddegau manwl amdanyn nhw.
Cofiwch gynnwys, er enghraifft:
- y math o sain oedd hi
- a oedd y sain yn fyw neu wedi'i recordio
- a oedd y sgript yn cymell y sain
- sut roedd y sain yn ychwanegu at leoliad y ddrama
- sut roedd y sain yn ychwanegu at naws y ddrama
- a oedd y sain wedi'i mwyhau (*amplified*)
- yr effaith a gafodd ei chreu.

Terminoleg drama: sain

Er mwyn ysgrifennu'n gywir am ddylunio sain, mae angen i chi ddeall y derminoleg gywir. Dyma rai geiriau defnyddiol i'ch helpu chi i ddisgrifio ac i ddadansoddi'r hyn rydych chi wedi'i weld a'i glywed.

LEFEL Y SAIN
Pa mor gryf neu dawel yw sain neu lais.

SEINYDDION
Dyfais i fwyhau a thaflunio sain. Bydd safle'r seinyddion yn dylanwadu ar sut mae'r gynulleidfa yn profi'r sain.

ACTOR-GERDDORION
Perfformwyr sy'n canu offerynnau cerdd yn rhan o'u rolau actio.

OFFERYNNAU CERDD
Drymiau, gitarau, feiolinau ac ati, a allai gael eu chwarae gan fand, cerddorfa neu actorion.

CYFANSODDWR
Rhywun sy'n ysgrifennu cerddoriaeth. Mae gan rai cynyrchiadau gyfansoddwr i greu cerddoriaeth wreiddiol.

SNAP
Troi sain yn sydyn ymlaen neu ei diffodd.

GRADDOLI SAIN
Graddol gryfhau neu ddiffodd/pylu sain.

EFFEITHIAU SAIN
Seiniau arbennig wedi'u creu naill ai'n fyw neu wedi'u recordio, fel drysau'n cau'n glep neu glychau larwm.

DATSAIN
Effaith adleisio, sy'n cynnal y sain yn hirach nag arfer.

PENNOD 7 DADANSODDI A GWERTHUSO SAIN

NEWID GOLYGFEYDD NEU DRAWSNEWIDIADAU

Sut mae cerddoriaeth neu sain yn cael ei defnyddio yn ystod trawsnewidiadau neu newid golygfeydd, yn aml i bennu lleoliad newydd neu newid i naws y ddrama.

> **TASG 3**
>
> Ysgrifennwch ddisgrifiad o ddyluniad sain mewn cynhyrchiad rydych chi wedi'i weld. Defnyddiwch o leiaf 5 o'r termau sydd wedi'u rhoi yma.

MICROFFONAU

Dyfeisiau i drosi a mwyhau sain, gan gynnwys:

microffonau radio: microffonau cludadwy, wedi'u gwisgo'n aml, fel bod actorion a chantorion yn cael eu mwyhau heb fod cysylltiad gweladwy

microffonau uwchben: microffonau wedi'u hongian uwchben y llwyfan er mwyn mwyhau'r sain gyffredinol.

SAIN WEDI'I RECORDIO

Sain sydd wedi'i recordio'n arbennig i'w chwarae'n ôl yn ystod y perfformiad neu wedi'i dethol o archifau effeithiau sain.

SAIN FYW

Sain wedi'i chreu gan reolwyr llwyfan, technegwyr neu actorion yn ystod y perfformiad.

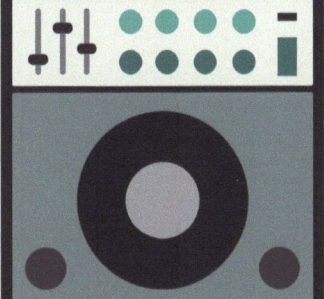

CERDDORIAETH CYN Y SIOE

Cerddoriaeth sy'n cael ei chwarae wrth i'r gynulleidfa ddod i mewn ac aros i'r perfformiad ddechrau.

CERDDORIAETH LLEN-ALWAD

Y gerddoriaeth sy'n cael ei chwarae yn ystod **llen-alwad** (*curtain call*). Weithiau mae gan y llen-alwad goreograffi ar gân.

ACWSTEG

Ansawdd sain gofod penodol, gan gynnwys sut mae maint a siâp y theatr yn effeithio ar gynhesrwydd neu eglurder sain.

Mae fersiwn ar gael i'w lawrlwytho ar wefan Hachette Learning.

Gwneud nodiadau dylunio sain ar y cynhyrchiad rydych chi wedi'i weld

Defnyddiwch y siart isod i wneud nodiadau ar sain yn y cynhyrchiad rydych chi wedi'i weld. Awgrymiadau i'ch helpu chi sydd yma, ond fyddan nhw ddim yn cynnwys pob nodwedd.

Yn ddelfrydol, gwnewch eich nodiadau cyn gynted ag y gallwch chi ar ôl gweld y ddrama.

Nodiadau dylunio sain		
Cynhyrchiad		
Y math o sain	▶ Naturiolaidd? ▶ Haniaethol? ▶ Sain wedi'i chymell? ▶ Cerddoriaeth?	
Sut mae'r sain yn cael ei chynhyrchu	▶ Sain fyw neu wedi'i recordio? ▶ Wedi'i mwyhau ai peidio? ▶ Ar y llwyfan neu oddi arno? ▶ Lleoliad y seinyddion? ▶ Snap / graddoli sain – graddol gryfhau neu raddol bylu?	Os ydych chi'n sylwi ar unrhyw ficroffonau neu seinyddion, brasluniwch nhw yma.
Ansawdd a natur y sain	▶ Sain gryf neu dawel? ▶ Sain ddymunol neu **anghydgordiol**? ▶ Sain araf neu gyflym? ▶ Sain naturiol neu wedi'i thrin (er enghraifft datsain neu ystumiant (*distortion*) arall)	
Cerddoriaeth	▶ Cerddoriaeth wreiddiol neu'n bodoli'n barod? ▶ Arddull/steil? ▶ Offerynnau? ▶ Cyfnod neu gyfoes?	
Effeithiau'r gerddoriaeth	▶ Ydy'r cymeriadau yn ymateb i'r gerddoriaeth? ▶ Sut mae'r gynulleidfa yn ymateb i'r gerddoriaeth? ▶ Ydy'r gerddoriaeth yn gysylltiedig â chymeriad neu ddigwyddiad?	
Acwsteg	▶ Cynnes neu oer? ▶ Eglur neu aneglur? ▶ Amgylchoedd tawel neu seiniau sy'n cystadlu â'i gilydd?	

Sut mae'r sain yn cael ei defnyddio?

Wrth i chi wylio'r ddrama, ystyriwch y ffyrdd gwahanol y mae'r sain yn cyfrannu at naws y ddrama a digwyddiadau'r ddrama. Er enghraifft:

- Ydy cerddoriaeth yn cael ei defnyddio i gyflwyno cymeriadau, golygfeydd neu leoedd?
- Ydy effeithiau sain yn cyhoeddi digwyddiadau pwysig (larymau, galwadau ffôn, ergydion gwn)?
- Ydy sain yn awgrymu cyflwr meddwl cymeriad neu gymeriadau?
- Ydy'r sain a'r gerddoriaeth yn cysylltu â chyfnod neu leoliad penodol?
- Ydy'r perfformwyr yn rhyngweithio â'r sain, er enghraifft yn perfformio coreograffi i gerddoriaeth neu'n cerdded i guriad metronom?
- Sut mae'r sain yn cyfrannu at naws ac awyrgylch y ddrama?
- Sut mae'r sain yn cefnogi ystyr y ddrama a chysyniad y cyfarwyddwr ohoni?
- Oes unrhyw effeithiau arbennig?

Effeithiau sain arwyddocaol

Hyd yn oed yn ystod cyfnod Shakespeare, roedd rhai effeithiau sain arbennig yn cael eu defnyddio. Er enghraifft, defnyddio llen fetel / pêl canon yn rholio i ail-greu taranau. Roedd cerddorion ar y llwyfan yn cael eu defnyddio'n aml, yn chwarae ffanfferau cyn mynediad brenhinol neu frwydr filwrol, er enghraifft. Mewn theatr gyfoes, gallai'r effeithiau arbennig gynnwys:

- tansgorio: cerddoriaeth sy'n cael ei chwarae gyda'r hyn sy'n digwydd mewn golygfa
- ffrwydradau
- effeithiau glaw a storm
- seinluniau (*soundscapes*: seiniau haenog)
- effeithiau sain electronig.

💡 AWGRYM

Ystyriwch a yw'r seiniau rydych chi'n eu clywed yn gweithio gyda'r delweddau ar y llwyfan neu ai rhai **gwrthbwyntiol** ydyn nhw, sy'n golygu eu bod nhw'n cyferbynnu'n gryf â'r ddelwedd. Er enghraifft, gallai delwedd drist gael ei chyferbynnu â chân hapus.

TASG 4

1. Meddyliwch yn ôl am ddrama rydych chi wedi'i gweld a'r ffyrdd pwysig y cafodd sain ei defnyddio. Efallai byddwch chi eisiau ystyried eiliadau allweddol fel dechrau neu ddiweddglo'r ddrama, mynediad cyntaf cymeriad pwysig neu uchafbwynt y ddrama.
2. Ysgrifennwch baragraff sy'n esbonio effaith defnyddio'r sain fel hyn ar y gynulleidfa. Er enghraifft:

> Roedd y dyluniad sain ar gyfer y cynhyrchiad hwn o *Lord of the Flies* bron yn gyfan gwbl haniaethol ac roedd yn dibynnu ar seiniau syntheseiddydd electronig. Er enghraifft, ar y dechrau, lle gallech chi fod wedi disgwyl clywed sŵn awyren yn hedfan ac yna'n taro'r ddaear, yn hytrach roedd sain wedi'i recordio o gerddoriaeth electronig. Roedd hyn yn awgrymu symudiadau drwy ddefnyddio curiad cyflym, heb swnio'n llythrennol fel awyren. Ar ôl tua 20 eiliad, cyrhaeddodd **crescendo** o sŵn, heb swnio'n llwyr fel damwain. Roedd lefel y sain a'r 'brys' metelig yn ei gwneud hi'n eglur bod rhywbeth anarferol yn digwydd, ond nid beth oedd e. Dim ond pan ymddangosodd y bechgyn roedden ni'n deall beth oedd ystyr y seiniau, ac roedd hynny ychydig yn siomedig i mi.

THEATR AR WAITH

Cyfweliad â'r dylunydd sain Pete Malkin yn yr *Oxford Culture Review*:

Oes gennych chi gatalog mewnol o bethau rydych chi'n teimlo'n gyffrous am eu defnyddio, yn dawel bach?

'Mae'r pethau sylfaenol yn cynnwys: effeithiau sain, **awyrgylch**, dronau, cerddoriaeth. Rwy'n dwlu ar greu seinluniau ac effeithiau sain arbennig drwy haenu (*layering*) yr elfennau hyn gyda'i gilydd, mae'n gallu rhoi mwy o ystyr i sain. Er enghraifft, mae sain syml drws yn cau yn gallu mynd â chi'n gyflym i leoliad newydd. Os ydych chi'n haenu hyn â chloch caffi, gwn yn cael ei ail-lwytho a drwm gwifrau (*snare drum*), maen nhw i gyd yn rhoi cyd-destun gwahanol i'r gynulleidfa ar gyfer y lleoliad newydd yn gyflym iawn.

 AWGRYM

Mae Pete Malkin yn sôn pa mor bwerus yw haenu seiniau. Wrth i chi feddwl yn ôl am gynhyrchiad rydych chi wedi'i weld, ceisiwch feddwl am enghreifftiau lle mae seiniau wedi'u haenu, naill ai drwy ddigwydd ar yr un pryd, neu drwy ddod yn gyflym, y naill ar ôl y llall.

 THEATR AR WAITH

Cyfweliad gyda'r cyfansoddwr Grant Olding, a ysgrifennodd y gerddoriaeth ac a berfformiodd yn y band ar gyfer *One Man, Two Guvnors* (o becyn dysgu'r National Theatre):

Beth oedd eich trafodaethau cychwynnol â'r cyfarwyddwr am y rôl y byddai cerddoriaeth yn ei chwarae yn One Man, Two Guvnors?

'Roedd y sgyrsiau cyntaf a gefais i â Nick [y cyfarwyddwr Nicholas Hytner] yn ymwneud ag amser, lle ac arddull. Dywedodd wrtha i fod y ddrama wedi'i gosod yn Brighton, yn 1963, a soniodd am gomedïau Ealing [ffilmiau o Stiwdios Ealing, 1947–1957], ffilmiau *Carry On* [comedïau â chyllideb isel, 1958–1978] a cherddoriaeth gynnar The Beatles. Yn ddiweddarach, penderfynodd ddod â cherddoriaeth sgiffl yn lle'r uchod. Yn ddiweddarach wedyn, perfformiadau Variety. Yn y pen draw, penderfynon ni y bydden ni'n creu ein rheolau ein hunain ac yn creu **hybrid** o'r holl arddulliau roedden ni eisiau eu cynnwys. Dechreuodd Nick anfon clipiau YouTube o berfformiadau Variety dwl ataf i: pobl yn chwarae cyrn ceir a seiloffonau. Penderfynon ni y bydden ni'n cael cerddoriaeth rhwng y golygfeydd, ond doedden ni ddim yn gwybod ai cerddoriaeth achlysurol yn unig fyddai hi, neu ganeuon go iawn, neu a fyddai tansgorio yn ystod y golygfeydd eu hunain. Cyn i'r ymarferion ddechrau, gwnaethon ni weithdy a phenderfynu y byddai'r band ar y llwyfan a hwnnw fyddai'r band sgiffl y mae cymeriad Francis yn sôn amdano yn y ddrama.'

Sut mae ysgrifennu cerddoriaeth i ddramâu yn wahanol i ysgrifennu caneuon ar gyfer sioeau cerdd?

'Y prif wahaniaeth yw eich bod chi'n tueddu i fod yn rheoli'r sioe gyfan mewn theatr gerdd; mewn dramâu, rydych chi'n ceisio gwasanaethu pobl eraill. Mewn sioe gerdd, y cyfansoddwr sy'n gyrru'r teithiau emosiynol a'r themâu, ac felly strwythur y sioe. Felly chi sy'n dweud ble mae'r tansgorio yn mynd, sut rydych chi'n mynd i gyflwyno cân ac ati. Mewn drama, mae'r cyfarwyddwr yn rhoi rhestr i chi o'r gerddoriaeth sydd ei hangen arnyn nhw. Er enghraifft, cerddoriaeth newid golygfa neu dansgorio. Os yw newid golygfa'n cymryd mwy o amser na'r disgwyl, yna bydd yn gofyn i chi ysgrifennu ugain eiliad ychwanegol o gerddoriaeth. Yn *One Man, Two Guvnors*, un darn yn unig o gerddoriaeth newid golygfa sy'n dweud rhywbeth wrthoch chi am emosiwn y cymeriadau [y gerddoriaeth blues cyn yr olygfa ar y pier yn Act Dau].'

TASG 5

Mae Grant Olding yn sôn am bennu amser, lle ac arddull drwy gerddoriaeth. Meddyliwch am sioe rydych chi wedi'i gweld a disgrifiwch sut roedd y sain wedi eich helpu chi i ddeall ei chyd-destun a'i harddull.

▲ Amy Booth-Steel ac Owain Arthur yn *One Man, Two Guvnors.*

Gwerthuso dyluniad sain

Yn ogystal â disgrifio a dadansoddi'r sain, mae'n rhaid i chi farnu a oedd y sain yn effeithiol ac yn llwyddiannus ai peidio. Mae angen gwneud mwy na dim ond ysgrifennu ei fod 'yn dda' neu 'yn wael' neu 'yn hardd' neu 'yn ddiflas'. Meddyliwch am y canlynol:

Oedd y sain wedi llwyddo i gyflawni ei phwrpas?
Er enghraifft, os oedd y sain i fod i gynrychioli cyfnod neu leoliad penodol, a lwyddodd hi?

Oedd y sain o safon dechnegol uchel?
Er enghraifft, oedd lefel y sain yn briodol? Oedd y ciwiau wedi cael eu cwblhau'n brydlon?

Oedd y sain wedi llwyddo i ymgysylltu â'r gynulleidfa ac ennyn ei diddordeb?
Er enghraifft, oedd y gerddoriaeth yn fachog, yn brydferth, yn gofiadwy neu'n synnu?

Oedd y sain wedi cyfrannu at y naws a'r awyrgylch?
Er enghraifft, os oedd y ddrama i fod yn gomig neu'n frawychus, oedd y sain wedi llwyddo i ychwanegu at hynny?

Oedd y sain wedi llwyddo i'ch helpu chi i ddeall y cymeriadau?
Er enghraifft, a gafodd cerddoriaeth ei defnyddio i gyflwyno cymeriad neu'n tansgorio ei lefaru?

Oedd y sain wedi ychwanegu at ddigwyddiadau'r ddrama?
Er enghraifft, oedd yn helpu i bennu newidiadau o ran lleoliad, amser neu naws y ddrama?

Oedd y dyluniad sain yn cefnogi themâu'r ddrama?
Er enghraifft, os oedd y ddrama am gariad, gwrthdaro neu blentyndod, oedd y sain yn helpu i gyfleu hynny?

GWERTHUSO THEATR FYW

AWGRYM

Mae'r darnau hyn yn seiliedig ar brofiadau ymgeiswyr penodol o berfformiadau arbennig. Pwyntiau enghreifftiol yn unig y gallech chi eu gwneud yw'r rhain, nid atebion enghreifftiol. Hyd yn oed os gwelsoch chi'r un perfformiad, bydd eich atgof, eich nodiadau a'ch ymatebion yn wahanol. Gallai'r darnau fod yn ddefnyddiol fel man cychwyn i drafodaeth ehangach neu fel tasg o fewn y dosbarth.

AWGRYM

Dwy elfen sy'n cael eu beirniadu'n aml mewn dylunio sain yw lefel y sain ac amseru. Mae'n rhaid i ddylunwyr a thechnegwyr sain sicrhau bod y sain yn gytbwys fel nad yw geiriau cân yn cael eu boddi, er enghraifft. Felly hefyd, mae ciw wedi'i gamamseru, fel ffôn sy'n dal i ganu ar ôl i actor ei ateb, yn gallu dinistrio hygrededd yr eiliad i'r gynulleidfa.

AWGRYM

Gall eich ymatebion penodol chi i'r sain fod yn rhan o'r gwerthusiad. Efallai mai chi'n unig sy'n ymateb fel hyn, ond dylai eich gwerthusiad fod yn seiliedig ar eich profiad fel aelod ystyriol, gwybodus o'r gynulleidfa.

Ymarfer dadansoddi a gwerthuso

Mae'r ddau ddarn canlynol yn dod o ymatebion tebyg i rai ymgeiswyr sy'n dadansoddi ac yn gwerthuso dyluniad sain.

TASG 6

1. Darllenwch yr ymatebion isod a rhowch:
   ▶ **P** wrth ochr unrhyw fanylion perfformio
   ▶ **T** wrth ochr terminoleg gywir.
2. Nodwch unrhyw bwyntiau rydych chi'n credu eu bod nhw'n dadansoddi'r sain (**D**) ac unrhyw bwyntiau rydych chi'n ystyried eu bod nhw'n gwerthuso (**G**).

   Mae un enghraifft o bob un wedi'i gwneud i chi.

A

Er mai ychydig bach iawn o sain oedd yng nghynhyrchiad yr Old Vic o *Faith Healer*, pan oedd yn cael ei defnyddio, roedd yn hynod effeithiol. **G** Yr effaith sain gyntaf oedd drymio bygythiol bodhrán. **P** Gan fod hwn yn fath adnabyddus o ddrwm Gwyddelig, mae'n paratoi'r gynulleidfa at genedligrwydd Francis Hardy, yr iachäwr drwy ffydd (*faith healer*) yn y teitl. **D** Wrth iddo ddechrau siarad, mae sain y drymio wedi'i recordio'n parhau, yn tansgorio ei linellau cyntaf, ac yna mae'n graddol bylu. **T** Ar ôl hyn, dim ond ychydig o giwiau sain sydd, er bod Francis yn canu rhannau o hen gân ramantaidd ar un adeg ac yn dynwared canu byr o wynt a chrynedig ei fam. Fodd bynnag, pan mae'n disgrifio cwrdd â'r grŵp o'r wledd briodas yn y dafarn, mae'n cael ei dansgorio gan gerddoriaeth ffidil Wyddelig, wedi'i chwarae ar lefel sain isel iawn, gan awgrymu'r math o gerddoriaeth a fyddai wedi bod yn y wledd briodas. Mae hyn yn creu naws dathlu, sy'n wahanol iawn i weddill yr olygfa gyntaf. Ond wedyn mae'r gerddoriaeth yn **snapio** yn sydyn, gan adael i'r llinell 'Dim o gwbl/Nothing at all' gael ei dweud gyda thawelwch yn unig y tu ôl iddi. Ar yr eiliad honno, mae'r naws yn troi'n dywyllach ac yn frawychus, sy'n briodol i'r digwyddiadau trist sydd ar fin digwydd.

Mae pob un o'r pedair monolog sy'n creu'r ddrama yn cael ei chyflwyno gan y drymio, ond mae gwahaniaethau cynnil i'r gerddoriaeth yn y golygfeydd eraill. Pan mae Grace yn cofio am gwrdd â'r gwesteion priodas, pibau neu ffliwtiau Gwyddelig ar lefel sain ychydig yn gryfach yw'r gerddoriaeth yn bennaf, ac mae'n snapio cyn ei llinell 'Dyna'r dechreuad/That's the curtain raiser', sy'n creu tensiwn eto. Ar gyfer golygfa Teddy, mae'r drymio o fath milwrol yn gorgyffwrdd â hen recordiad o gân gan Fred Astaire. Mae Teddy'n canu hefyd, heb fod yn soniarus iawn, gan gofio'r gân yn annwyl. Mae'r gân arbennig hon wedi'i chymell gan y sgript gan fod pob un o'r cymeriadau yn cyfeirio ati, ond dyma'r tro cyntaf i'r gynulleidfa ei chlywed. Pan mae Teddy'n cofio am y gwesteion priodas, mae cerddoriaeth ffidil a phibau Wyddelig yn tansgorio ei araith, sy'n swnio'n rhamantaidd ac yn llawn hiraeth wrth iddo sylweddoli ei fod yn caru Grace a Francis. Ond pan mae'r gerddoriaeth yn snapio, mae'n dweud, 'Mynd i'ch gwella chi o'r helbul hwnnw/Going to cure you of that trouble.' Mae'r gerddoriaeth yn snapio yn enghraifft ardderchog o sut mae tawelwch cyn bwysiced â sain, gan ei fod yn gwneud i'r llinell sy'n dilyn sefyll allan i'r gynulleidfa. Y tro olaf i'r drwm gael ei ddefnyddio, mae'n dechrau ag un curiad isel wrth i Francis gymryd ei gam cyntaf tuag at ei farwolaeth. Ar ôl tawelwch ar y gair 'tawel/silent', mae'r drwm yn curo'n araf, gan greu ymdeimlad o dynged wrth i Francis gerdded i mewn i'r tywyllwch. Drwy gydol y ddrama, mae'r defnydd syml ond dethol o gerddoriaeth yn cefnogi hanesion gwahanol y cymeriadau.

▲ Indira Varma fel Grace yn *Faith Healer*.

Mae Blowin' in the Wind gan Gwmni Theatr Chickenshed yn defnyddio amrywiaeth eang o gerddoriaeth a sain i gyfleu ei thema, sef y frwydr dros hawliau sifil. Wrth i'r gynulleidfa ddod i mewn, clywon ni fand byw yn chwarae cerddoriaeth gyfoes, gan greu awyrgylch parti neu glwb. Pan stopiodd y gerddoriaeth, dechreuodd recordiad sain o araith gan Martin Luther King. Roedd yn recordiad cyfnod ac roedd yn swnio'n hen ffasiwn ac yn clecian, braidd. Yn y pen draw, daeth llais arall drosto, wedi'i fwyhau gan ficroffon, yn rhoi cyfarwyddiadau sut i gyrraedd yr orymdaith. Wedyn daeth y sain o adroddiad newyddion America am yr Orymdaith ar Washington. Yn olaf, ymddangosodd unawdydd benywaidd ar y llwyfan a chanu'r gân brotest 'Blowin' in the Wind,' eto, wedi'i mwyhau gan ficroffon. Drwy ddefnyddio sain, a heb ddeialog mewn gwirionedd, llwyddodd y dylunydd sain i bennu naws a themâu'r ddrama. Fel aelodau'r gynulleidfa, roedden ni'n teimlo'n rhan o'r protestiadau a oedd yn dechrau, gyda seiniau a symudiadau cyffrous o'n hamgylch.

Roedd cerddoriaeth y ffliwt wedi'i recordio yn gyferbyniad a'r darn llefaru wedi'i fwyhau am bobl frodorol America tra perfformiodd yr ensemble symudiadau araf, gosgeiddig. Cafodd y gerddoriaeth hon ei haenu wedyn ac yn y pen draw daeth drymio rhythmig a darn llefaru wedi'i recordio yn ei lle. Cyflwynodd unawd drymiau swnllyd y cyfanheddwyr gwyn cyntaf. Felly, sefydlodd y gerddoriaeth naws heddychlon i ddechrau, ac ildiodd hyn i wrthdaro a thrais, gyda drymiau a symbalau'n nodi pob trychineb. Roedd yr adran hon yn llai llwyddiannus i mi, gan fod y drymio'n gwneud i mi golli peth o'r llefaru ac aeth yn ailadroddus. Fodd bynnag, roedd dull amrywiol, **montage** y dylunydd yn cadarnhau cysyniad y cyfarwyddwr o naratif llac, **aflinol** a oedd yn datgelu canrifoedd o frwydro. Roedd y defnydd o sain **ddogfennol** i ddal union eiriau ffigyrau allweddol yn arbennig o effeithiol, felly, fel aelod o'r gynulleidfa, roeddwn i'n teimlo wedi ymgysylltu ac yn wybodus.

TASG 7

1 Dewiswch ddyluniad sain o ddrama rydych chi wedi'i gweld ac atebwch y cwestiwn canlynol:

> Dadansoddwch a gwerthuswch y dyluniad sain yn y cynhyrchiad ac esboniwch sut mae'n ychwanegu at naws ac ystyr y ddrama i'r gynulleidfa.

2 Yna anodwch eich ateb yn yr un ffordd â'r atebion uchod am fanylion, terminoleg, dadansoddi a gwerthuso.

▲ Mae JoJo Morrall fel Rosa Parks yn gwisgo meicroffon radio yn Blowin' in the Wind.

TASG 8

Dewiswch un o'r cwestiynau isod a gwnewch gynllun manwl ar gyfer sut byddech chi'n ei ateb:

a Gwerthuswch sut roedd yr agweddau clywedol yn cefnogi genre neu arddull y cynhyrchiad, a'r effaith a gafodd yr agweddau clywedol arnoch chi fel aelod o'r gynulleidfa.

b Disgrifiwch sut roedd y dyluniad sain yn cefnogi'r digwyddiadau a bwriadau artistig y cynhyrchiad. Dadansoddwch a gwerthuswch pa mor llwyddiannus oedd y dyluniad sain wrth helpu i gyfleu ystyr i'r gynulleidfa.

 AWGRYM

Gallwch chi ddefnyddio'r acronym MDTG i wirio eich gwaith:

Manylion
Dadansoddi
Terminoleg
Gwerthuso.

▶ Mae cyngor ar sut i wneud cynlluniau ar dudalennau 66–67 yn y llyfr hwn.

PENNOD 8 | DATBLYGU EICH SGILIAU YSGRIFENNU

Mae arholwyr wedi nodi bod myfyrwyr Drama yn aml yn ysgrifennu gyda llawer o frwdfrydedd ac ymgysylltiad am y cynyrchiadau y maen nhw wedi'u gweld a bod hyn yn gryfder yn yr ymatebion Theatr Fyw. Mae'r atebion gorau yn dangos gwybodaeth y myfyrwyr o'r theatr a'u hymatebion personol i'r ddrama a welon nhw. Fodd bynnag, mae llawer o fyfyrwyr yn cael trafferth wrth drefnu eu syniadau a gwneud eu pwyntiau yn yr amser sydd ar gael. Mae'r tudalennau canlynol yn cynnig awgrymiadau ar sut i ddatblygu'r sgiliau hyn.

Darllen y cwestiwn

Darllenwch y cwestiwn yn ofalus a gwnewch yn siŵr eich bod chi'n ei ateb yn fanwl. Un ffordd o wneud hyn yw tanlinellu'r geiriau allweddol ac, os oes pwyntiau bwled yn cael eu rhoi, eu defnyddio nhw i gael arweiniad ychwanegol. Er enghraifft:

> Dadansoddwch a gwerthuswch sut llwyddodd y dyluniad set mewn dwy olygfa allweddol i gyfleu ystyr i'r gynulleidfa.
>
> Efallai byddwch chi'n dymuno ystyried:
> - arddull y cynhyrchiad
> - sut mae'r dyluniad set yn cael ei ddefnyddio i helpu'r digwyddiadau yn y cynhyrchiad a'i awyrgylch
> - eich ymateb i'r dyluniad set fel aelod o'r gynulleidfa.

1. Sut a pham cafodd dewisiadau dylunio penodol eu gwneud.
2. Pa mor llwyddiannus oedd y dewisiadau hynny.
3. Rydych chi'n canolbwyntio ar ddylunio set.
4. Dewiswch ddwy olygfa allweddol, sy'n gyferbyniol, efallai.
5. Pwrpas y ddrama, fel ei phlot, ei themâu a'i chymeriadau.
6. Yr effaith ar y gynulleidfa, gan gynnwys chi.
7. Math o ddrama: naturiolaidd, arddulliedig, minimalaidd, comig, ac yn y blaen.
8. Prif ddigwyddiadau, fel eiliadau o wrthdaro neu newid.
9. Naws ac awyrgylch, emosiynau.
10. Eich ymatebion personol, o bosibl gall hyn fod yn sbardun i ysgrifennu yn y person cyntaf weithiau.

Wrth ysgrifennu ymateb i ddyluniad set yn *Breuddwyd Nos Ŵyl Ifan*, er enghraifft, gallech chi ddewis dwy olygfa gyferbyniol, efallai un yn y llys ac un yn y goedwig. Gallech chi esbonio sut roedd y set yn dangos y gwahaniaethau rhwng y bydoedd hynny. Byddwch chi'n dadansoddi'r set drwy edrych ar elfennau ohoni, fel y lliwiau, y deunyddiau, y gweadeddau a'r maint, a gwneud sylwadau ar effaith y dewisiadau hynny. Gallech chi edrych ar arddulliau'r cyfnod/arddulliau ffantasi a sut roedd y set yn adlewyrchu rheolau un byd a natur wyllt y llall. Byddwch chi'n cynnig beth oedd yn gweithio'n dda a beth allai fod wedi bod yn well, yn eich barn chi.

TASG 1

1. Edrychwch ar y cwestiwn isod ac amlygwch y geiriau allweddol.
2. Ysgrifennwch nodiadau ar sut gallech chi ddechrau defnyddio'r geiriau hynny wrth ysgrifennu dadansoddiad a gwerthusiad o gynhyrchiad rydych chi wedi'i weld.

Dadansoddwch a gwerthuswch sut roedd sain wedi'i defnyddio i gyfleu ystyr i'r gynulleidfa mewn o leiaf ddwy eiliad allweddol. Yn eich ateb, cyfeiriwch at:
- arddull y cynhyrchiad
- sut roedd sain wedi'i defnyddio, gan gynnwys cerddoriaeth ac effeithiau arbennig
- eich ymateb i'r perfformiad fel aelod o'r gynulleidfa. [15]

AWGRYM

Gwiriwch y nodiadau rydych chi wedi'u gwneud:
- Ydych chi wedi nodi beth yw ffocws perfformio neu ddylunio'r cwestiwn?
- Ydych chi wedi dewis yr eiliadau neu'r golygfeydd allweddol y byddwch chi'n ysgrifennu amdanyn nhw?
- Os yw'n briodol, ydych chi wedi rhoi sylw i bob un o'r pwyntiau bwled?

AWGRYM

Mae rhai myfyrwyr yn gwneud eu cynlluniau ar y papur cwestiynau, gan sicrhau eu bod nhw'n cynnwys geiriau allweddol ac unrhyw awgrymiadau fel pwyntiau bwled.

AWGRYM

Ceisiwch ddysgu rhai llinellau o'r ddrama ar eich cof fel eich bod chi'n gallu cyfeirio naill ai at sut cyflwynodd yr actorion nhw, neu pa ddewisiadau dylunio a ddigwyddodd ar yr eiliad honno.

Gwneud cynllun

Ar ôl i chi nodi beth yw ffocws y cwestiwn, cymerwch funud neu ddwy i wneud cynllun cyflym. Bydd hyn yn helpu i sicrhau eich bod chi'n ymdrin â phob un o'r pwyntiau angenrheidiol ac yn osgoi ailadrodd. Mae llawer o ffyrdd o wneud cynlluniau. Dyma rai posibiliadau.

Cynllun paragraff byr

Dyma ffordd o benderfynu'n gyflym lle byddwch chi'n ymdrin â gofynion y cwestiwn. Er enghraifft, os bydd gofyn i chi ysgrifennu am …

> ddefnydd actor o sgiliau corfforol a lleisiol mewn dwy olygfa mewn perthynas ag arddull a genre y cynhyrchiad

… gallech chi wneud cynllun paragraff fel hyn:

Paragraff 1

Enw'r ddrama [*Breuddwyd Nos Ŵyl Ifan*].

Ble a phryd gwelais i'r ddrama.

Genre/arddull: comedi gyfnod.

Yr actor sy'n chwarae rôl Helena.

Paragraff 2

Act 1, Golygfa 1: 'Mor hapus y gall rhai fod chwaethach ni!'

Sgiliau lleisiol: Llefaru barddoniaeth, ystod emosiynol, anhapus, yn pwysleisio geiriau negyddol, tôn drist, ymbilgar.

Sgiliau corfforol: Cyswllt llygad: mae'n syllu ar ôl Hermia a Lysander pan maen nhw'n gadael, yna'n edrych ar y gynulleidfa, yn amneidio, yn pwyntio ati hi ei hun. Newid osgo ar y diwedd. Sut mae'n gadael y llwyfan.

Effaith/gwerthuso: Yn ennyn cydymdeimlad, yn llefaru'r farddoniaeth yn dda, ond a allai hi fod wedi bod yn fwy comig?

Paragraff 3

Act 2, Golygfa 2: 'Pam ganwyd fi i'r dirmyg miniog hwn?'

Sgiliau lleisiol: Tôn lawn dicter, lefel y sain, ceryddu, pwysleisio.

Sgiliau corfforol: Mae'n gwthio Lysander i ffwrdd, mae'n symud o gwmpas y llwyfan i'w osgoi. Mae'n mynd yn grwm wrth ddweud 'fy niffygion'. Mae'n ceisio gadael y llwyfan, ond mae Lysander yn ei dal. Mae hi'n syllu'n wyllt arno.

Effaith/gwerthuso: Mae comedi corfforol yn ddoniol iawn ac mae'r gynulleidfa yn ymwybodol o'i phenbleth, hyd yn oed os nad yw hi'n ei ddeall.

Rhestr o bwyntiau bwled

Nodiadau cyflym yw'r rhain yn unig, fel nad yw eich ateb yn crwydro, dyna i gyd. Er enghraifft, gan ddefnyddio enghraifft dyluniad set o *Breuddwyd Nos Ŵyl Ifan*:

Act 1, Golygfa 1: Llys Theseus

- Arddull/steil: Cyfnod.
- Sgiliau'r dylunydd: Colofnau gwyn, **palet lliw** niwtral, golau, arwynebau llyfn, graddfa fawr, cymesur. Mae'r grisiau'n awgrymu pŵer. Hippolyta, wedi'i hynysu y tu ôl i rwystr.
- Effaith: Mae'n creu lleoliad (Athen hynafol); ymdeimlad o gyfraith a threfn.
- Gwerthuso: Sylweddol a hardd, ond efallai'n ddiafael? Gormod o bwyslais ar gaethiwed?

Act 2, Golygfa 2: Coedwig

- Arddull/steil: Ffantasi.
- Sgìl y dylunydd: Ffrwydrad o liw: arlliwiau gwyrdd, gyda ffrwydradau o borffor a phinc. Lefelau ar y llwyfan wedi'u creu gan un goeden dal a nifer 'wedi cwympo', y perfformwyr yn eu defnyddio i sefyll arnyn nhw ac i faglu drostyn nhw. Gorchudd gweadog dros y ddaear. Pwll o ddŵr i fyny'r llwyfan.
- Effaith: Cyferbynnu natur wyllt ac anhrefnus y goedwig, lle gall hud a lledrith ddigwydd. Mae busnes comig ar y coed yn ychwanegu at y comedi.
- Gwerthuso: Cyffrous i'r gynulleidfa, yn enwedig y defnydd o'r pwll a dringo'r goeden.

PENNOD 8 DATBLYGU EICH SGILIAU YSGRIFENNU

Map meddwl

Dyma ffordd weledol o nodi eich syniadau'n gyflym. Gallai cynllun ar gyfer cwestiwn ar ddyluniad goleuo *Breuddwyd Nos Ŵyl Ifan* edrych fel hyn:

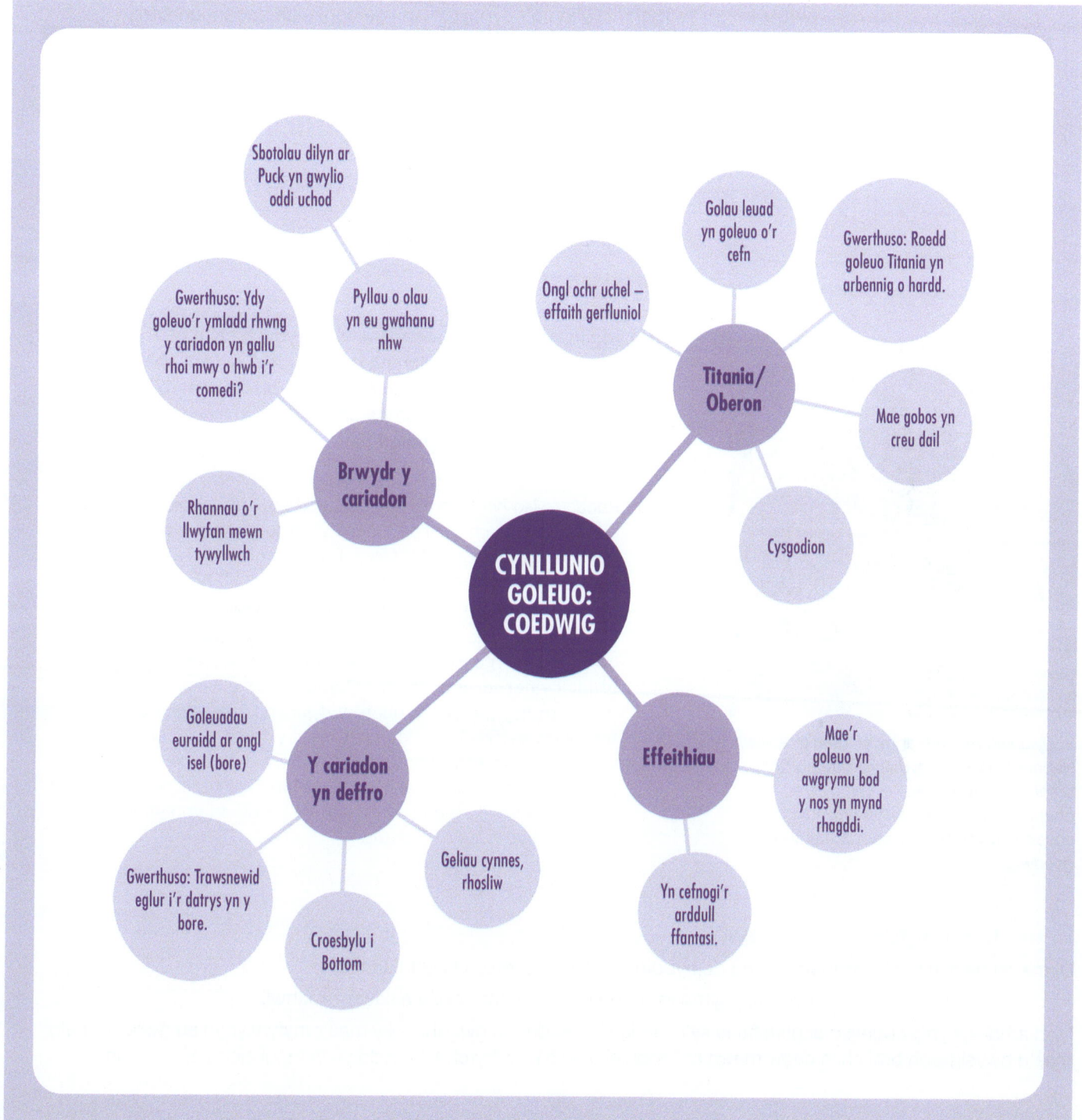

TASG 2

Dewiswch un o'r cwestiynau o dudalen 65 a gwnewch gynllun ar ei gyfer gan ddefnyddio'r cynllun paragraff byr, rhestr o bwyntiau bwled neu fap meddwl.

Dangos eich dealltwriaeth a'ch sgiliau

Bydd gofyn i chi ddangos eich bod chi'n gallu:
- dadansoddi elfen o gynhyrchiad
- rhoi manylion o'r cynhyrchiad i gefnogi eich dadansoddiad
- defnyddio terminoleg theatraidd gywir yn eich dadansoddiad
- gwerthuso llwyddiant yr agwedd benodol ar y cynhyrchiad.

Yn ogystal, efallai bydd angen i chi ddangos eich dealltwriaeth o'r canlynol:
- cyfnod/lleoliad y cynhyrchiad
- cymeriadau a'u cefndir
- arddull a/neu genre y cynhyrchiad
- themâu a nodau'r cynhyrchiad.

TASG 3

Bydd angen i chi sicrhau bod y manylion rydych chi'n eu rhoi yn cefnogi eich dadansoddiad, yn hytrach na rhestru'r hyn rydych chi wedi'i weld, a dim mwy. Darllenwch y darnau canlynol o ddau ymateb tebyg i rai ymgeiswyr. Yna, penderfynwch pa un sydd fwyaf llwyddiannus wrth gysylltu'r manylion â'u dadansoddiad.

a   Roedd gwisg hardd am Titania. Roedd hi'n ffrog werdd, hir, heb lewys mewn sidan gwyrdd. Roedd petalau gwyrdd a phinc wedi'u gwnïo ar gynffon sgert y ffrog. Roedd hi'n gwisgo sandalau a oedd wedi'u clymu wrth ei phigyrnau. Roedd ei gwallt hi'n rhydd ac efallai fod darn o wallt ychwanegol ganddi, oherwydd roedd yn hir iawn.

b   Er mwyn i Titania edrych yn frenhinol, gwisgodd y dylunydd gwisgoedd hi mewn ffrog hir, werdd, sidan. Roedd y ffrog mewn **arddull ymerodrol** gyda chynffon ddramatig, wedi'i chario gan y tylwyth teg. Hefyd, gwnaeth y dylunydd hi'n eglur nad unrhyw frenhines gyffredin oedd hon. Roedd y ffrog wedi'i brodio ag edefyn aur ac wedi'i haddurno ag amrywiaeth liwgar o ddail, petalau, a phryfed mewn ffabrig disglair, tryleu, a oedd yn ysgwyd wrth iddi symud. Roedd yr effaith yn hardd ac yn syfrdanol, yn addas i'r byd hudol o ffantasi.

▲ Dyluniad modern ar gyfer Titania (Aaliyah Habeeb), gan ddefnyddio lliwiau porffor brenhinol a llwyd. Mae ei chlogyn, ei phenwisg a'r gemwaith, yn enwedig, yn ei gosod hi uwchlaw'r cymeriadau eraill yn y goedwig.

Defnyddio enghreifftiau manwl

Dyma rai geiriau y mae arholwyr yn eu defnyddio i ddisgrifio atebion llwyddiannus:

hyderus   cytbwys   trylwyr   wedi'u harchwilio'n llawn   manwl.

Mae arholwyr yn gwobrwyo enghreifftiau sy'n cefnogi'r casgliadau gwerthusol y mae'r myfyrwyr yn eu gwneud. Felly mae'n bwysig eich bod chi'n cadw mewn cof enghreifftiau o'r cynhyrchiad a fydd yn cefnogi eich barn amdano.

TASG 4

Dewiswch wisg o gynhyrchiad rydych chi wedi'i weld a llenwch y siart canlynol. Mae enghraifft wedi'i rhoi fel arweiniad i chi.

Manylion ac enghreifftiau	Dadansoddiad	Effaith/gwerthuso
Mae'r cymeriad yn droednoeth ac yn gwisgo dillad carpiog, budr/brwnt.	Mae'r cyflwr yn awgrymu bod y cymeriad yn byw mewn tlodi.	Roedd hyn [neu doedd hyn ddim] yn effeithiol oherwydd …

Cysyniad neu fwriadau artistig y cynhyrchiad

Efallai byddai'n ddefnyddiol i chi werthuso sut mae rhai agweddau mewn cynhyrchiad yn ceisio cyfleu cysyniad neu fwriadau artistig. Ystyr hyn yw beth mae'r cyfarwyddwr a'r tîm cynhyrchu'n gobeithio ei gyflawni a pha ddewisiadau creadigol maen nhw'n eu gwneud i gyflawni hyn. Er enghraifft, efallai byddwch chi'n gweld drama am anawsterau'r rhai oedd yn dod adref o ryfel. Efallai mai'r cysyniad neu'r bwriadau artistig yw defnyddio'r holl elfennau cynhyrchu i helpu'r gynulleidfa i brofi poen y cymeriadau. Er mwyn gwneud hyn yn fyw i'r gynulleidfa, gallai'r perffromwyr a'r dylunwyr ddefnyddio:

- llwyfannu/blocio, efallai cael y cymeriadau i gerdded drwy'r gynulleidfa hyd yn oed, gan weiddi arnyn nhw
- sain, er enghraifft, cael seinyddion yng nghefn ac ar ochrau'r awditoriwm fel bod sain yn amgylchynu'r gynulleidfa
- goleuo, fel goleuadau strôb neu oleuadau eraill sy'n fflachio, i ddangos pryd mae cymeriad yn dioddef yn feddyliol neu'n profi ôl-fflach
- gwisgoedd milwrol ar gyfer y golygfeydd ôl-fflach
- set o ystafell realistig ym Mhrydain, o fewn rwbel rhyfel tramor.

Byddai pob un o'r dewisiadau hyn yn cadarnhau'r bwriad artistig, sef cyfleu bod y rhyfel yn aros gyda'r cymeriadau.

Gwerthuso ansawdd eich mynegiant ysgrifenedig

Ansawdd eich syniadau sydd bwysicaf, ond bydd arferion ysgrifennu da yn gwneud eich gwaith yn fwy eglur ac yn fwy effeithiol. Dyma ychydig o gyngor ar sut i wella eich mynegiant ysgrifennu.

- Gwnewch yn siŵr eich bod chi'n gallu sillafu teitl y ddrama ac enwau'r prif gymeriadau. Bydd hyn yn helpu i osgoi dryswch.
- Trefnwch eich syniadau fel ei bod hi'n eglur pan rydych chi'n ysgrifennu am fwy nag un cymeriad neu olygfa: *Y ddau gymeriad y byddaf yn eu cyferbynnu yw …*
Yr olygfa allweddol gyntaf yw …
- Defnyddiwch eiriau ac ymadroddion i ddangos eich bod chi'n dadansoddi: *Effaith hyn oedd …*
Cafodd hyn ei wneud er mwyn …
Cafodd hyn ei gyflawni drwy …
- Defnyddiwch eirfa werthusol: *Llwyddodd hyn i gyfleu …*
Yn anffodus, doedd y wisg ddim yn creu'r effaith angenrheidiol …
Roedd hyn yn dangos yn gredadwy …
- Defnyddiwch eiriau allweddol o'r cwestiwn er mwyn sicrhau eich bod chi'n ateb gyda'r ffocws cywir.

TASG 5

Gofynnwch i chi eich hun beth oedd y bwriad artistig ar gyfer y sioe a welsoch chi. Lluniwch restr o bwyntiau bwled, fel yr un ar y chwith, sy'n rhoi enghreifftiau o sut roedd yr elfennau cynhyrchu gwahanol yn cyfleu'r bwriad hwnnw.

Oedd yn ailadroddus?

Oedd y cyflymder (*pace*) yn rhy araf?

Oedd digon o amrywiaeth?

Os ydych chi'n ysgrifennu sylw negyddol, dylech chi osgoi geiriau fel 'diflas' neu 'wael', oherwydd efallai byddan nhw'n awgrymu nad ydych chi wedi ceisio ymgysylltu â'r cynhyrchiad. Os oedd rhywbeth yn ddryslyd neu'n ddiflas i chi, ceisiwch ddadansoddi pam.

Oedd hi'n anodd gweld neu glywed oherwydd y llwyfannu?

Cynigiwch rywbeth adeiladol i ddangos eich bod chi'n berson gwybodus am y theatr.

GWERTHUSO THEATR FYW

Datrys problemau cyffredin

Dyma rai camgymeriadau cyffredin:
- peidio ag ateb y cwestiwn penodol
- diffyg manylion a therminoleg
- peidio â chynnwys amrywiaeth o sgiliau
- disgrifio yn unig, yn hytrach na dadansoddi a gwerthuso
- peidio ag ystyried yr effaith ar y gynulleidfa ac ar yr ymgeisydd ei hun
- peidio â chynnig ymateb personol.

Mae'r awgrymiadau canlynol yn rhoi sylw i'r materion hyn a dylen nhw eich helpu i wella eich ysgrifennu.

Atebwch y cwestiwn penodol

Bob blwyddyn, mae ymgeiswyr sydd ddim yn ateb y cwestiwn sydd wedi'i osod. Yn hytrach, efallai byddan nhw'n ateb cwestiwn y flwyddyn flaenorol yr oedden nhw wedi adolygu ar ei gyfer, neu un arall y maen nhw wedi'i baratoi, neu'n syml, y cwestiwn y bydden nhw wedi hoffi ei gael. Er mwyn osgoi hyn, tanlinellwch y geiriau allweddol yn y cwestiwn a gwiriwch o hyd eich bod chi wedi rhoi sylw cywir iddyn nhw.

Dyma rai enghreifftiau o gamddarllen cwestiynau:

- ysgrifennu am adran wahanol o'r ddrama neu'r nifer anghywir o olygfeydd, os yw hyn yn cael ei nodi. (Os yw'r cwestiwn yn gofyn i chi ysgrifennu am **ddwy** olygfa, yna dyna mae'n rhaid i chi ei wneud.)
- ysgrifennu'n rhy gyffredinol am y pwnc. (Os yw'r cwestiwn yn gofyn i chi yn benodol am sgiliau lleisiol, peidiwch ag ysgrifennu yn hytrach am bob sgìl actio, fel symudiadau.)
- anghofio nodi arddull neu genre y ddrama, os yw hyn yn y cwestiwn
- anwybyddu'r awgrymiadau mewn pwyntiau bwled, os ydyn nhw'n cael eu rhoi.

TASG 6

Yn yr enghraifft isod, y cwestiwn sydd wedi'i osod yw dadansoddi a gwerthuso'r defnydd o ddylunio sain mewn dwy olygfa yn y cynhyrchiad. Darllenwch yr ateb a nodwch sut gallai fod wedi ei wella.

> Ar uchafbwynt y ddrama, dechreuodd y sain yn dawel iawn, ond yna aeth yn gryf iawn. Roedd mor gryf fel ei bod bron yn fyddarol i ni yn y gynulleidfa. Yna, tawelodd yn sydyn. Roedd hyn yn syfrdanol iawn, oherwydd bod y sain wedi newid o fod yn dawel i fod yn gryf, i dawelwch. Rwy'n credu bod y dylunydd sain eisiau tynnu sylw at yr eiliad hon am ryw reswm.

AWGRYM

Hanner ffordd drwy eich ateb, gwiriwch eto eich bod chi wedi cynnwys y geiriau allweddol o'r cwestiwn yn eich ateb. Os nad ydych chi wedi gwneud hynny, ceisiwch eu cynnwys wrth gloi.

Heb edrych ar beth mae'r cwestiwn yn ei ofyn, bydd rhai myfyrwyr yn ysgrifennu am bob un o'u hargraffiadau o gynhyrchiad. Efallai byddwch chi'n teimlo'n fodlon am faint rydych chi wedi'i ysgrifennu, ond os nad ydych chi wedi ateb y cwestiwn, fyddwch chi ddim yn ennill y marciau. Dylech chi anelu at baratoi ar gyfer amrywiaeth o gwestiynau, ond peidiwch â disgwyl cael yr union gwestiwn rydych chi eisiau.

Cynnwys manylion a therminoleg

Defnyddiwch y gridiau, y siartiau, yr enghreifftiau a'r Eirfa yn y llyfr hwn i ymarfer y meysydd hyn.

Ddylech chi ddim ysgrifennu mewn ffordd bendant sy'n rhy gaeth, ond gallai'r enghreifftiau canlynol eich helpu i strwythuro eich brawddegau a'ch paragraffau yn dda.

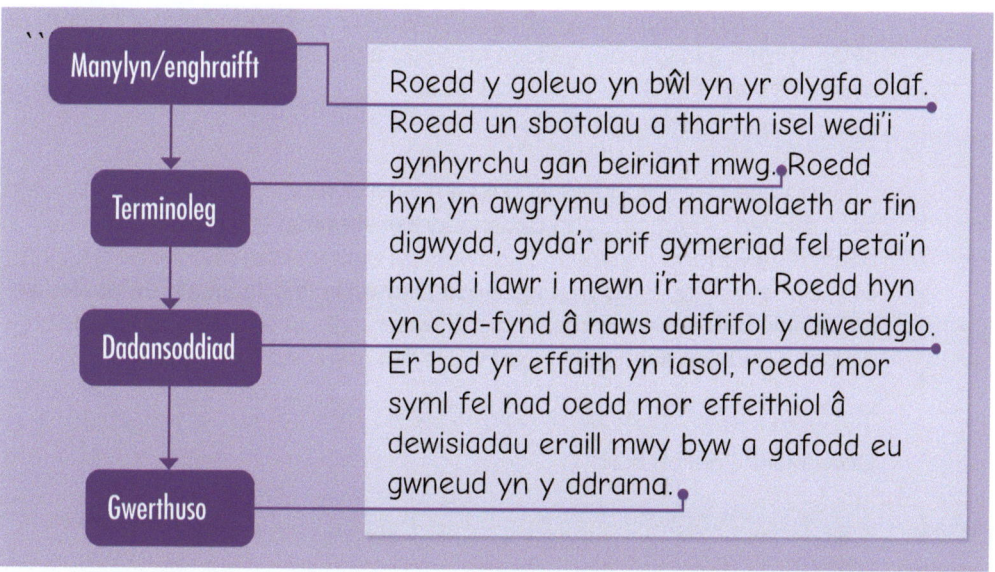

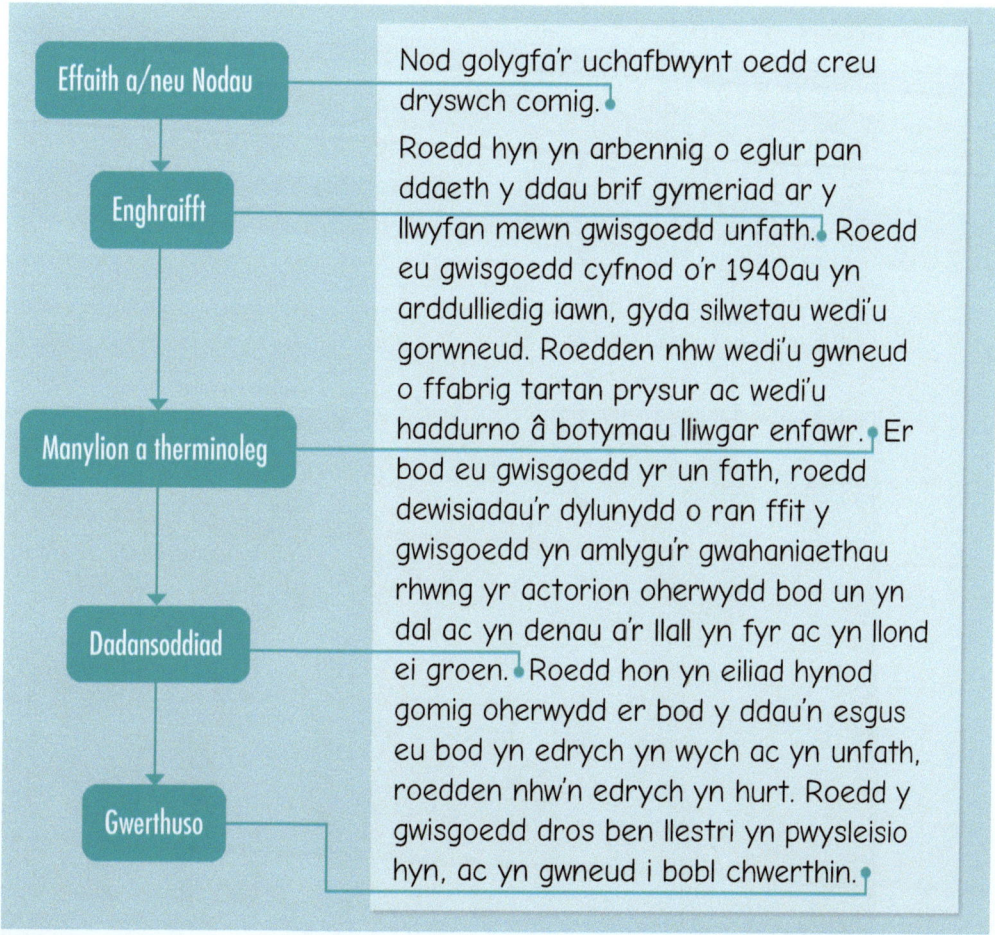

GWERTHUSO THEATR FYW

AWGRYM

Fyddwch chi ddim yn cael rhagor o farciau am ailadrodd yr un pwynt. Mae angen i chi wneud amrywiaeth o bwyntiau.

Cynnwys amrywiaeth o sgiliau

Os bydd gofyn i chi ysgrifennu am sgiliau corfforol ac rydych chi'n canolbwyntio ar ystumiau'n unig, neu os ydych chi'n cyfeirio at liwiau'n unig mewn ateb am ddyluniad gwisgoedd, dydych chi ddim yn gallu cael marc uchel. Mae angen i chi ddangos eich bod chi'n deall yr amrywiaeth o sgiliau y gallai perfformiwr neu ddylunydd eu defnyddio. Ar gyfer sgiliau actio corfforol, er enghraifft, gallech chi ysgrifennu am symudiadau, safiad, osgo, **cerddediad**, mynegiant wyneb, agosrwydd a'r defnydd o ofod y llwyfan. Ar gyfer dylunio gwisgoedd, gallech chi ysgrifennu am liwiau, gweadeddau, ffit, cyflwr, ffabrig, silwét, cyfwisgoedd ac ati.

Dadansoddi, nid disgrifio'n unig

Cofiwch nad rhoi adroddiad yn unig am y cynhyrchiad rydych chi wedi'i weld neu'i glywed rydych chi, ond dadansoddi ei elfennau a phenderfynu sut a pham digwyddodd rhywbeth. Fyddwch chi byth yn cael cwestiwn i ddisgrifio'r plot, cymeriad neu wisg yn unig. Bydd disgwyl i chi ddangos mewnwelediad iddyn nhw bob amser. Er mwyn magu hyder wrth wneud hyn, defnyddiwch y siart ar y dudalen flaenorol i ymarfer cysylltu manylion â dadansoddi.

AWGRYM

Gall pwyntiau gwerthuso fod yn gadarnhaol neu'n negyddol neu'n gyfuniad o'r ddau.

Ystyried yr effaith ar y gynulleidfa ac arnoch chi eich hun

Gofynnwch i chi'ch hun:

- Oedd y ddrama wedi gwneud i chi chwerthin neu lefain?
- Oedd y ddrama wedi peri syndod neu fraw i chi?
- Oeddech chi'n teimlo cydymdeimlad ag unrhyw gymeriad?
- Oedd dewisiadau perfformio neu ddylunio wedi eich helpu i ddeall plot, cymeriadau, themâu neu fwriadau artistig y ddrama?
- Oedd unrhyw beth wedi mynd o'i le yn y perfformiad, fel gwisg a oedd yn rhwystro symudiadau neu giw goleuo a oedd yn rhy hwyr?
- Oedd rhai dewisiadau wedi'i gwneud hi'n anodd i'r gynulleidfa ymgysylltu â'r cynhyrchiad?

Cynnig ymateb personol

Yn ogystal â'ch dealltwriaeth o effaith dewisiadau gwneuthurwyr theatr ar y gynulleidfa, dylech chi ddangos eich ymateb personol. Mae rhai cwestiynau'n gofyn yn benodol amdano. Dyma rai geiriau ac ymadroddion i'ch helpu chi i fynegi eich ymateb.

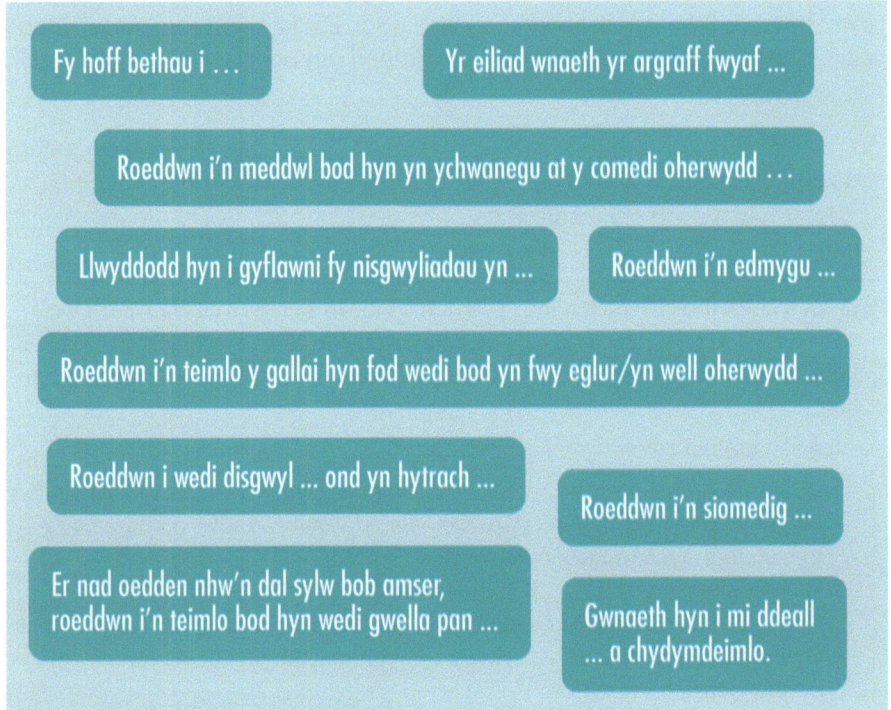

Amseru

Ddylech chi ddim disgwyl bydd gennych chi amser ar ôl ar ddiwedd yr arholiad. Mae angen defnyddio pob munud yn ddoeth. Peidiwch â rhuthro'r cwestiwn Theatr Fyw, yn enwedig os yw'n dod ar ddiwedd y papur. Er mwyn osgoi hyn:

- nodwch faint o amser sydd gennych chi ar gyfer y papur cyfan
- ystyriwch sut i rannu'r amser ar draws y cwestiynau
- treuliwch fwy o amser ar y cwestiynau sy'n werth y marciau mwyaf
- defnyddiwch gynllun cyflym i osgoi ailadrodd neu redeg allan o syniadau
- dylech chi osgoi rhagymadrodd (neu glo) hir lle gallech chi ailadrodd eich hun: dechreuwch ennill marciau'n syth
- ymlaen llaw, ceisiwch ymarfer ysgrifennu o dan amodau wedi'u hamseru.

 **AWGRYM**

Peidiwch â threulio gormod o amser ar gwestiynau sy'n werth ychydig iawn o farciau'n unig. Os yw cwestiwn yn werth pedwar marc yn unig, er enghraifft, fyddwch chi byth yn ennill rhagor na hynny, dim ots pa mor hir yw eich ateb.

CWESTIYNAU YMARFER

Tan 2025

Bydd gofyn i chi ddadansoddi a gwerthuso agwedd ar y cynhyrchiad. Tan 2025, bydd dewis rhwng dau gwestiwn, a bydd rhaid i chi ateb un cwestiwn. Bydd y sgìl dylunio yn cael ei nodi. Efallai bydd rhai cwestiynau'n eich cyfeirio at nifer penodol o olygfeydd neu ran benodol o gynhyrchiad.

TASG

Gwnewch gynllun pwyntiau bwled i ateb y cwestiwn ar un cynhyrchiad theatr fyw rydych chi wedi'i weld.

Dylech chi seilio eich ateb ar un cynhyrchiad theatr fyw rydych chi wedi'i weld yn ystod y cwrs. Ar ddechrau eich ateb, nodwch enw'r cynhyrchiad, y cwmni a'r lleoliad. Bydd ansawdd eich cyfathrebu ysgrifenedig yn cael ei asesu yn yr adran hon.

Atebwch **naill ai** cwestiwn 6 **neu** gwestiwn 7.

6 Dadansoddwch a gwerthuswch sut cafodd gwisgoedd eu defnyddio mewn dwy olygfa allweddol er mwyn cyfleu dehongliad y cyfarwyddwr o'r ddrama i'r gynulleidfa. Yn eich ateb, cyfeiriwch at:
   - arddull cynhyrchu
   - sut cafodd gwisgoedd eu defnyddio i gyfleu dehongliad y cyfarwyddwr ac i gefnogi cymeriadu'r actorion yn y cynhyrchiad
   - eich ymateb i'r perfformiad fel aelod o'r gynulleidfa [15]

NEU

7 Dadansoddwch a gwerthuswch sut cafodd sgiliau lleisiol eu defnyddio mewn dwy olygfa allweddol er mwyn cyfleu'r cymeriadau a digwyddiadau'r ddrama i'r gynulleidfa. Yn eich ateb, cyfeiriwch at:
   - arddull cynhyrchu
   - y sgiliau lleisiol sy'n cael eu defnyddio a sut maen nhw'n creu cymeriadau ac yn cefnogi ystyr y ddrama
   - eich ymateb i'r perfformiad fel aelod o'r gynulleidfa [15]

O 2025

Gweler y Deunyddiau Asesu Enghreifftiol fydd ar gael ar wefan CBAC.

GEIRFA

Actor-gerddorion: Perfformwyr sy'n canu offerynnau cerdd yn rhan o'u rolau actio.

Acwsteg: Ansawdd sain gofod penodol, gan gynnwys sut mae maint a siâp y theatr yn effeithio ar gynhesrwydd neu eglurder sain.

Adrodd stori: Math o theatr sydd heb fod yn realistig ac sy'n aml yn canolbwyntio ar dechnegau fel adrodd stori, golygfa syml a chwarae nifer o rolau i gyfleu stori, fel arfer stori dylwyth teg neu chwedl, i gynulleidfa.

Addurniadau set: Eitemau ar y set nad ydyn nhw'n cael eu defnyddio fel propiau, ond sy'n creu manylder a diddordeb, fel ffiolau neu ddarluniau mewn fframiau.

Aflinol: Heb fod yn nhrefn digwyddiadau go iawn; anghronolegol.

Agorfa: Rhywbeth sy'n agor, twll neu fwlch.

Agosrwydd: Y pellter rhwng cymeriadau neu bethau; pa mor agos neu bell oddi wrth ei gilydd maen nhw.

Ailymateb (*double-takes*): Techneg gomig, pan mae cymeriad yn edrych ar rywbeth ddwywaith, oherwydd nad oedd yn credu neu'n deall beth welodd y tro cyntaf.

Amffitheatr: Llwyfan crwn, gyda'r gynulleidfa mewn seddi crwm ar lethr serth o gwmpas rhan flaen y cylch. Yn aml, mae amffitheatrau yn theatrau awyr agored, fel rhai hen wlad Groeg, ond mae rhai gofodau dan do mawr wedi'u seilio ar eu dyluniad nhw.

Amlgyfrwng: Mae'n cynnwys amrywiaeth o fformatau'r cyfryngau, fel ffotograffau, sleidiau, animeiddiadau, sain a ffilm.

Aml rolau: Un actor yn chwarae mwy nag un cymeriad.

Amseru'r ciw: Yr amser mae'n ei gymryd ar gyfer newid goleuo, er enghraifft, faint i gyfrif cyn i blacowt ddigwydd neu pa mor hir mae croesraddoli yn ei gymryd.

Anacronistig: Anaddas i gyfnod amser sy'n cael ei bortreadu, er enghraifft, o gyfnod llawer cynharach neu, yn fwy cyffredin, cyfnod diweddarach, fel gliniadur yn yr ail ganrif ar bymtheg.

Anghydgordiol: Annifyr, aflafar, caled neu'n gwrthdaro.

Arddull/Steil: Nodweddion sy'n hawdd eu hadnabod yn y ffordd y mae rhywbeth yn cael ei greu neu'i berfformio.

Arddulliedig (*stylised*): Heb fod yn realistig, wedi'i ddwysáu a'i orwneud; wedi'i wneud mewn ffordd sy'n pwysleisio un elfen, efallai.

Awyrgylch: Ansawdd, cymeriad, teimlad neu natur lle, fel dinas brysur neu fferm anghysbell.

Blacowt: Diffodd y goleuadau llwyfan i gyd. Mae hyn yn gallu bod yn sydyn neu'n raddol.

Blocio: Symudiadau'r actorion. Fel arfer, mae'r rhain yn cael eu gosod yn ystod ymarferiadau drwy gydweithio â'r cyfarwyddwr.

Brig (*flies*): Y lle gwag uwchben y llwyfan, fel arfer allan o olwg y gynulleidfa, sy'n cael ei ddefnyddio i storio neu i ostwng eitemau ar y llwyfan (eu 'hedfan i mewn').

Bwriad artistig: Y dewisiadau y mae gwneuthurwyr theatr yn eu gwneud o ran yr hyn maen nhw eisiau eu cyfleu i gynulleidfa a sut byddan nhw'n gwneud hyn.

Candelabra: Canwyllbrennau mawr gyda breichiau crwm sy'n gallu dal nifer o ganhwyllau.

Cefnlen: Darn mawr o ddefnydd wedi'i beintio sy'n cael ei hongian, fel arfer yng nghefn y llwyfan, yn rhan o'r olygfa.

Cerddediad: Sut mae cymeriad yn cerdded, e.e. yn anhyblyg, yn gloff, yn drwm, yn llusgo traed, yn camu'n fras, yn ymlwybro.

Cerddoriaeth cyn y sioe: Cerddoriaeth sy'n cael ei chwarae wrth i'r gynulleidfa ddod i mewn ac aros i'r perfformiad ddechrau.

Cerddoriaeth llen-alwad: Y gerddoriaeth sy'n cael ei chwarae yn ystod llen-alwad (*curtain call*). Weithiau mae gan y llen-alwad goreograffi ar gân.

Clywedol: Beth sy'n cael ei glywed.

Codau lliw: Defnyddio lliwiau penodol i gyfleu ystyron penodol, fel dosbarth cymdeithasol neu aelodaeth o grŵp.

Comedi corfforol: Sgiliau comig, fel meim, syrthio ar eich pen-ôl a styntiau corfforol.

Comedi'r Adferiad (*Restoration comedy*): Comedi arddulliedig o'r ail ganrif ar bymtheg, a oedd yn canolbwyntio ar foesau a chynllwynion cymdeithas.

Confensiynau: Technegau theatraidd sy'n cael eu defnyddio mewn mathau penodol o berfformiadau neu sy'n gysylltiedig â nhw. Er enghraifft, meimio'r defnydd o bropiau neu siarad yn uniongyrchol â'r gynulleidfa.

Couture: Dillad dylunydd ffasiynol, drud, wedi'u gwneud yn arbennig.

Crescendo: Cryfhau yn raddol neu'r pwynt cryfaf, mewn cerddoriaeth yn aml.

Croesbylu: Lle mae goleuo un ardal yn pylu'n raddol, ac mae goleuo ardal arall yn codi/cryfhau'n raddol.

Crynodeb: Plot neu ddigwyddiadau allweddol stori wedi'u crynhoi'n fyr.

Cyd-destun: Amgylchiadau gosodiad drama, fel y lleoliad, cyfnod o amser neu gonfensiynau. Gallai'r rhain fod yn hanesyddol, yn ddaearyddol ac yn ddiwylliannol.

Cyfansoddwr: Rhywun sy'n ysgrifennu cerddoriaeth. Mae gan rai cynyrchiadau gyfansoddwr i greu cerddoriaeth wreiddiol.

Cyfnod: Yr oes neu'r dyddiad y mae rhywbeth wedi'i osod. Mae 'cynhyrchiad cyfnod' yn cyfeirio at gynhyrchiad sydd wedi'i osod mewn cyfnod cynharach.

Cyfoes: Yn perthyn i heddiw, modern.

Cymeriadu: Sut mae actor yn creu rôl drwy ei ddealltwriaeth o gefndir, cymhelliant a phwysigrwydd y cymeriad yn y ddrama, a sut mae'n portreadu hynny.

GEIRFA

Cymhelliant: Yr hyn sy'n gorfodi cymeriad i wneud rhywbeth, fel ei ddyheadau neu ei anghenion.

Cynffon: Darn hir yng nghefn dilledyn sy'n llusgo ar y llawr y tu ôl i'r person sy'n ei wisgo.

Cysyniad: Syniad unedig am y cynhyrchiad, fel sut bydd yn cael ei ddehongli neu'i berfformio.

Datgelu: Pan mae rhywbeth yn cael ei ddangos yn annisgwyl i gynulleidfa. Gall datgelu ddigwydd ar dro yn y plot neu gallai fod yn nodwedd ddylunio.

Datsain: Effaith adleisio, sy'n cynnal y sain yn hirach nag arfer.

Diffodd: Troi golau i ffwrdd.

Dillad modern: Gwisgoedd o'r cyfnod y mae'r ddrama yn cael ei pherfformio yn hytrach na'r adeg y mae wedi'i gosod. Er enghraifft, gwisgoedd o'r unfed ganrif ar hugain mewn drama sydd wedi'i gosod yn wreiddiol yn yr ail ganrif ar bymtheg.

Dodrefn: Dodrefn ar y set, fel cadeiriau, clustogau a byrddau.

Dogfennol: Darluniau, ffilmiau, recordiadau neu ddeunyddiau eraill o gyfweliadau neu adroddiadau o ddigwyddiadau go iawn.

Dull uniongyrchol o gyfarch: Pan fydd cymeriad yn siarad yn uniongyrchol â'r gynulleidfa.

Dwysedd: Pa mor llachar, pwerus neu rymus yw rhywbeth.

Dyfais sy'n cylchdroi (revolve): Dyfais mawr y mae'n bosibl ei throi i ddatgelu lleoliad gwahanol.

Dynwared: Efelychu; copïo lleferydd ac ystumiau rhywun, o bosibl mewn ffordd ddirmygus.

Effeithiau arbennig: Seiniau, dyfeisiau mecanyddol neu elfennau gweledol anarferol, fel ffrwydradau, trapddorau neu ddilyniannau storm.

Effeithiau sain: Seiniau arbennig wedi'u creu naill ai'n fyw neu wedi'u recordio, fel drysau'n cau'n glep neu glychau larwm.

Episodig: Strwythur sy'n cynnwys cyfres o olygfeydd, neu 'episodau', sy'n aml yn fyr a gallen nhw ddigwydd mewn nifer o leoliadau.

Esgyll/gofod esgyll: Ardal ar ochr y llwyfan y mae actorion yn gallu dod i'r llwyfan oddi arni. Mae'n bosibl symud propiau, addurniadau neu olygfeydd o'r esgyll i'r llwyfan hefyd.

Esthetig: Ymagwedd at ddylunio neu gelf gyda syniadau eglur o ran beth sy'n gywir neu'n hardd.

Ffantasi: Rhywbeth sy'n methu digwydd yn y byd go iawn, neu ddyluniad sy'n creu byd afrealistig, fel storïau tylwyth teg, mythau, y goruwchnaturiol a ffuglen wyddonol.

Ffars: Math o gomedi sy'n aml yn defnyddio cymeriadau ystrydebol, cyd-ddigwyddiadau annhebygol a sefyllfaoedd eithafol.

Ffedog y Llwyfan: Ardal ar flaen llwyfannau proseniwm sy'n dal yn weladwy i'r gynulleidfa pan fydd y llenni wedi'u cau.

Fflat: Darn o olygfa, yn aml wedi'i beintio, wedi'i fowntio ar ffrâm dal.

Geliau: gweler Hidlydd.

Genre: Categori neu fath o ddrama fel comedi, trasiedi neu sioe gerdd. Fel arfer mae gan bob genre ei gonfensiynau ei hun.

Gobo, Gobos: Darn o fetel, gwydr neu blastig wedi'i dorri allan a'i atodi wrth lusern i daflunio patrymau, fel dail, sêr, tonnau neu batrymau chwyrlïog.

Golau brig: gweler Golau tuag i lawr.

Golau symudol: Naill ai gosodyn goleuo y mae rhywun yn ei symud â llaw neu osodyn wedi'i weithio gan gyfrifiadur sy'n cael ei symud o bell.

Golau tuag i lawr neu olau brig: Golau sy'n dod yn uniongyrchol o uwchben.

Golch o olau: Golau sy'n gorchuddio'r llwyfan cyfan neu ardal fawr ohono.

Goleuadau LED: Goleuadau pwerus a lliwgar. Does dim angen geliau arnyn nhw, ac maen nhw'n defnyddio ynni'n effeithlon.

Goleuadau llawr: Llusernau wedi'u gosod ar standiau isel, sy'n cael eu defnyddio'n aml i fwrw cysgodion.

Goleuadau lletraws: Goleuadau sy'n cael eu taflunio i lawr ar ongl tua 45 gradd.

Goleuadau stribed: Tiwb gwydr tenau, hir o olau, yn aml â gorchudd plastig.

Goleuadau tŷ: Y goleuadau yn yr awditoriwm sydd fel arfer wedi'u goleuo pan fydd y gynulleidfa yn mynd i'w seddi. Maen nhw'n cael eu pylu pan fydd y perffformiad ar fin dechrau.

Goleuadau ymarferol: Goleuadau sy'n gweithio ar y llwyfan i'w defnyddio yn y set, fel lampau desg, tortshis neu ganhwyllau.

Goleuadau'r godre: Goleuadau isel sydd wedi'u gosod ar ochr i lawr y llwyfan. Yn boblogaidd yn theatrau oes Victoria, maen nhw weithiau'n cael eu defnyddio nawr i greu effeithiau goleuo cyfnod.

Goleuo o'r cefn: Golau sy'n cael ei daflu o ffynhonnell i fyny'r llwyfan. Mae'n amlygu amlinell actorion neu olygfa ac yn eu gwahanu nhw oddi wrth y cefndir.

Gorchuddion llawr: Unrhyw orchudd dros lawr y llwyfan, fel effaith pren i ymddangos fel estyll (floorboards), neu linoliwm ar gyfer llawr cegin.

Goslef: Sut mae traw'r llais yn codi a disgyn; cerddoroldeb lleferydd.

Gosodiadau llwyfan: Y math o lwyfan a threfniant y gynulleidfa, er enghraifft llwyfan ochrol, llwyfan ymwthiol/gwth, theatr gylch ac ati.

Graddoli sain: Graddol gryfhau neu ddiffodd/pylu sain.

Grisiau: Grisiau o un lefel o'r set i un arall. Mewn rhai cynyrchiadau, mae grisiau mawreddog yn nodwedd ddylunio.

Gweledol: Beth sy'n cael ei weld.

Gwrthbwyntiol: Gweithio fel gwrthbwynt neu gyferbyniad i rywbeth, fel cerddoriaeth drist gyda delwedd hapus.

Hidlydd / geliau: Darn o blastig lliw sy'n cael ei roi ar lusern er mwyn ychwanegu lliw i'r golau.

Hosanwaith: Teits, hosanau neu hosanau byr; plaen neu batrymog; lliw'r croen neu liwgar.

Hybrid: Cymysgedd o ddau neu ragor o bethau neu fathau gwahanol.

Lefel y sain: Pa mor gryf neu dawel yw sain neu lais.

Llen-alwad: Pan fydd yr actorion yn bowio ar ddiwedd y perfformiad.

Llenni: Ffabrigau sy'n hongian.

Llinellau gweld: Golwg y gynulleidfa o'r llwyfan/perfformiad.

Llinell gwddf 'sweetheart': Gwddf dilledyn ar ffurf rhan uchaf calon: yn isel yn y canol blaen ac yn grwn ar bob ochr.

Llusernau: Lamp ac adlewyrchydd mewn bocs sy'n cynhyrchu goleuo. Mae mathau gwahanol o lusernau, fel proffil, ffresnel a llif.

Llwyfan ochrol (*End-on stage*): Gosodiadau llwyfan lle mae'r gynulleidfa yn eistedd ar hyd un ochr o'r llwyfan gan ei wynebu'n uniongyrchol.

Melodrama: Darn hynod ddramatig wedi'i ddylunio i ysgogi emosiynau yn y gynulleidfa, fel arfer mae'n gysylltiedig â chymeriadau ystrydebol a sefyllfaoedd eithafol.

Memrwn: Hen ddeunydd i ysgrifennu arno; darn o bapur anhyblyg, tenau, lliw brown golau neu debyg i wyn.

Microffon: Dyfais i drosi a mwyhau sain.

Microffonau radio: Microffonau cludadwy, wedi'u gwisgo'n aml, fel bod actorion a chantorion yn cael eu mwyhau heb fod cysylltiad gweladwy.

Microffonau uwchben: Microffonau wedi'u hongian uwchben y llwyfan er mwyn mwyhau'r sain gyffredinol.

Montage: Casgliad neu ddarn cyfansawdd o ddelweddau, geiriau neu gerddoriaeth wahanol.

Motiff: Dyluniad sy'n dychwelyd o hyd; mewn cerddoriaeth, mae'n frawddeg gerddorol fer a allai gael ei hailadrodd.

Murganhwyllbren: Canhwyllbren sy'n gallu cael ei roi'n sownd wrth wal.

Mynegiadol (*expressionistic*): Heb fod yn realistig; yn seiliedig yn fwy ar emosiynau, argraffiadau a themâu.

Naturiolaidd: Tebyg i fywyd, credadwy, realistig, yn seiliedig ar y byd 'go iawn'.

Neuadd gerdd (*music hall*): Adloniant amrywiol poblogaidd, yn gysylltiedig â theatrau oes Victoria a dechrau'r ugeinfed ganrif.

Offerynnau cerdd: Drymiau, gitarau, feiolinau ac ati, a allai gael eu chwarae gan fand, cerddorfa neu actorion.

Osgo: Sut mae cymeriad yn sefyll, e.e. yn syth, yn crymu'r cefn neu wedi disgyn yn swp (*slumped*).

Palet lliw: Amrywiaeth y lliwiau sy'n cael eu defnyddio, fel arlliwiau tawel, arlliwiau hydrefol, lliwiau cynradd, du a gwyn; lliwiau cyflenwol neu liwiau sy'n gwrthdaro â'i gilydd.

Pedwaredd wal: Rhwystr dychmygol rhwng y gynulleidfa a'r llwyfan. Efallai bydd perfformiwr yn 'torri'r bedwaredd wal' ac yn siarad yn uniongyrchol â'r gynulleidfa, neu'n rhyngweithio â hi mewn ffordd arall.

Peiriant gwynt: Offer theatraidd â motor, wedi'i osod oddi ar y llwyfan fel arfer, i greu effaith ffisegol neu glywedol gwynt ar y llwyfan.

Peiriant mwg, niwl neu darth (*haze*): Darn o gyfarpar sy'n defnyddio nwy i gynhyrchu cymylau neu niwlenni.

Platfform: Ardal wedi'i chodi ar y llwyfan.

Plot goleuo: Mae'n debyg i gynllun pensaernïol sy'n dangos lle bydd y goleuadau yn hongian. Bydd yn nodi safle goleuadau, y math o osodyn goleuo sydd ei angen, a lliwiau'r geliau.

Promenâd: Math o theatr lle mae gofyn i'r gynulleidfa symud o gwmpas er mwyn dilyn yr actorion.

Propiau: Eitemau y mae'n bosibl eu symud ar y llwyfan, gan gynnwys propiau llaw y mae'r actorion yn gallu eu cario, fel llyfrau, cwpanau a ffonau.

Pylu a chodi goleuadau: Graddol bylu neu raddol godi/cryfhau goleuadau.

Pyrotechneg: Effeithiau arbennig sy'n creu effaith ddramatig, fel tân gwyllt, ffrwydradau neu fflachiadau.

Ramp: Llwybr ar oledd i gerdded arno neu i gludo rhywbeth ar olwynion.

Rig goleuo: Y strwythur sy'n dal y cyfarpar goleuo yn y theatr.

Rhwyllen: Llenni a allai fod yn hongian yn rhydd neu wedi'u mowntio ar ffrâm. Maen nhw'n dryloyw os ydyn nhw'n cael eu goleuo mewn ffordd benodol.

Rhyfeddod: Rhywbeth sydd ag effaith weledol; digwyddiad sy'n gyffrous i'w wylio.

Rhyngweithio â'r gynulleidfa: Cynnwys y gynulleidfa yn y ddrama, er enghraifft drwy roi propiau iddyn nhw, defnyddio dull uniongyrchol o gyfarch neu ddod â nhw ar y llwyfan.

Safiad: Sut mae cymeriad yn sefyll, e.e. gyda'i draed ar led neu wedi'u troi i mewn.

Sain fyw: Sain wedi'i chreu gan reolwyr llwyfan, technegwyr neu actorion yn ystod y perfformiad.

Sain wedi'i chymell: Sain sy'n ofynnol gan y sgript, fel ffôn yn canu neu gloch drws.

Sain wedi'i recordio: Sain sydd wedi'i recordio'n arbennig i'w chwarae'n ôl yn ystod y perfformiad neu wedi'i dethol o archifau effeithiau sain.

Sbotolau: Lamp sy'n taflunio golau llachar ar ardal o'r llwyfan, fel arfer mae'n rhoi ffocws ar berfformiwr.

Sbotolau dilyn: Lamp sy'n taflunio golau llachar ar ardal o'r llwyfan, fel arfer mae'n 'dilyn' perfformiwr.

Seiclorama: Llen neu sgrin fawr hanner cylch wedi'i hymestyn, fel arfer mae wedi'i gosod i fyny'r llwyfan.

GEIRFA

Seinydd: Dyfais i fwyhau a thaflunio sain. Bydd safle'r seinyddion yn dylanwadu ar sut mae'r gynulleidfa'n profi'r sain.

Set bocs: Lleoliad ystafell gyfan, yn aml yn naturiolaidd, gyda thair wal a phedwaredd wal sydd 'ar goll' yn wynebu'r gynulleidfa.

Sgaffaldau: Strwythur mawr – byrddau a pholion metel fel arfer. Mae'r rhain yn creu lefelau gwahanol ar set.

Sgrimau: Gweler Rhwyllen.

Snap: Troi sain yn sydyn ymlaen neu ei diffodd.

Strôb, Strobau: Dyfais goleuo sy'n rhoi fflachiadau llachar, byr o olau llachar.

Symbolaidd: Defnyddio rhywbeth i gynrychioli rhywbeth arall, fel rhosyn yn symbol o gariad.

Syncroneiddio: Wedi'i wneud ar yr un pryd, gyda'i gilydd, fel symudiadau neu lefaru wedi'u syncroneiddio.

Syrthio ar eich pen-ôl: Disgyn yn ddwl neu mewn ffordd lawn embaras, mae'n aml yn cael ei ddefnyddio mewn comedïau corfforol.

System y brig: Ffordd o godi a gostwng golygfeydd neu eitemau eraill ar y llwyfan gan ddefnyddio system o raffau a phwlïau. Ystyr yr ymadrodd 'hedfan set i mewn' (*fly a set in*) yw gostwng golygfa o'r brig.

Tableau: Delwedd lonydd o olygfa. Gallai roi ffocws ar agwedd ddarluniol y grwpio, gan gynnwys perthynas y bobl wahanol a sut maen nhw wedi'u gwisgo.

Tafluniad: Ffilm neu ddelwedd lonydd sy'n cael ei thaflunio i greu cefndir theatraidd.

Trapddor: Drws yn llawr neu nenfwd llwyfan fel bod gwrthrychau neu berfformwyr yn gallu cael eu gollwng, eu codi neu eu gostwng.

Trasiedi dial Jacobeaidd: Genre dramatig o ddramâu a oedd yn boblogaidd ar ddiwedd yr unfed ganrif ar bymtheg a dechrau'r ail ganrif ar bymtheg. Mae'r dramâu'n ymwneud â chymeriad sy'n ceisio dial ar rai eraill gyda chanlyniadau treisgar.

Trawsnewidiadau: Y newid o un olygfa, lleoliad neu naws ac awyrgylch i un arall.

Trimiau: Addurn ychwanegol ar wisg, fel arfer ar yr ymylon ac mewn ffabrig neu liw cyferbyniol.

Trochi (perfformiad lle mae'r gynulleidfa'n cael ei throchi): Cynhyrchiad lle mae'r gynulleidfa'n cael ei gwneud i deimlo'n rhan o fyd y ddrama.

Tryc: Platfform ar olwynion fel bod golygfeydd yn gallu cael eu mowntio a'u symud.

Uchafbwynt: Adran ddwysaf y ddrama, yn aml pan fydd y naratif yn cyrraedd ei bwynt pwysicaf.

Ymerodrol: Siâp ffrog â gwasg uchel, yn aml gyda llinell gwddf isel.

Ystrydebol: Nodweddion y mae pobl yn eu credu'n gyffredin, ond nad ydyn nhw'n wir o angenrheidrwydd. Wedi'i orsymleiddio, fel dihiryn ystrydebol.

Ystumiau: Symudiadau gan rannau o'r corff, fel arfer y llaw, y breichiau neu'r pen, fel codi llaw, nodio neu ymestyn.

CYDNABYDDIAETH Y DELWEDDAU

t4 © EdNurg / stock.adobe.com

t5 © Chinnapong / Shutterstock.com

t8 © William Barton / Shutterstock.com

t9 © Donald Cooper / Alamy Stock Photo

t12 © Ari Mintz / Newsday / MCT / Sipa US / Alamy Stock Photo

t13 (brig) © Donald Cooper / Photostage; (gwaelod) © Donald Cooper / Alamy Stock Photo

t14 emc design ltd

t19 © Keith Morris / Alamy Stock Photo

t20 (brig) © Donald Cooper / Alamy Stock Photo; (gwaelod) © Donald Cooper / Alamy Stock Photo

t22 © Frank Augstein / AP Photo / Alamy Stock Photo

t24 © Donald Cooper / Alamy Stock Photo

t 25 (brig) © Don Arnold / WireImage / Getty Images; (gwaelod) © Craig Fuller - llun o gynhyrchiad Branwen: Dadeni gan Frân Wen a Chanolfan Mileniwm Cymru

t26 emc design ltd

t30 (brig) © Stephen Chung / Alamy Stock Photo; (gwaelod) Rosie Elnile / Gate Theatre

t32 © Helen Murray / ArenaPAL

t34 Stephen Chung / Alamy Stock Photo

t35 (brig) © Robbie Jack / Getty images; (gwaelod) © Craig Fuller - llun o gynhyrchiad Branwen: Dadeni gan Frân Wen a Chanolfan Mileniwm Cymru

t36 emc design ltd

t38 emc design ltd

t40 (brig) © TCD / Prod.DB / Alamy Stock Photo

t42 © Frank Augstein / Associated Press / Alamy Stock Photo

t44 © Ali Müftüoğulları / Unsplash

t45 © Hugh Peterswald / Pacific Press Media Production Corp. / Alamy Stock Photo; © Mark Douet - llun o gynhyrchiad Rhinoseros gan Theatr Cymru; © Craig Fuller - llun o gynhyrchiad Branwen: Dadeni gan Frân Wen a Chanolfan Mileniwm Cymru, © Mark Douet / ArenaPAL.

t46 emc design ltd

t50 (brig) © Johan Persson / ArenaPAL; (gwaelod) © Johan Persson / ArenaPAL.

t52 © Geraint Lewis / Alamy Stock Photo

t54 © Christopher Sinnott / Pixabay.com

t55 © Ajr_images/stock.adobe.com; © Axel Bueckert / stock.adobe.com; © Krakenimages.com / stock.adobe.com; © Svitlana / stock.adobe.com; © Contrastwerkstatt / stock.adobe.com; © Drobot Dean / stock.adobe.com; © BalanceFormCreative / stock.adobe.com; © Rido / stock.adobe.com

t56 emc design ltd

t60 (brig) © David Fisher / Shutterstock.com; (gwaelod) © TRACEY NEARMY / Australian Associated Press / Alamy Stock Photo

t62 © Manuel Harlan / The Old Vic / Getty images

t 63 © Photograph by Antonia Jater, Chickenshed. Jojo Morrall performing in Chickenshed's production of *Blowin' in the Wind*

t68 © Alec Perkins / Creative commons, https://creativecommons.org/licenses/by/2.0/

t69 © Lakeview Images / Shutterstock.com

t70 © June green / Alamy Stock Photo

t72 © Christian Bertrand / Shutterstock.com

t73 © Panitan / stock.adobe.com